VOYAGES
ET DÉCOUVERTES
DANS
L'AFRIQUE
CENTRALE ET SEPTENTRIONALE

PAR

HENRI LEBRUN
Auteur des Voyages au Pôle Nord.

Orné de 4 gravures sur acier

TOURS
A. MAME ET Cie
ÉDITEURS

BIBLIOTHÈQUE

DE LA

JEUNESSE CHRÉTIENNE

APPROUVÉE

PAR S. ÉM. Mgr LE CARDINAL ARCHEVÊQUE DE TOURS

PROPRIÉTÉ DES ÉDITEURS

VOYAGES ET DÉCOUVERTES
dans
L'AFRIQUE CENTRALE
et
L'AFRIQUE SEPTENTRIONALE

Par Henri Lebrun

Auteur des Voyages au Pôle nord

Tours.

VOYAGES ET DÉCOUVERTES

DANS

L'AFRIQUE CENTRALE

ET

L'AFRIQUE SEPTENTRIONALE

Par HENRI LEBRUN

Auteur des Voyages au Pôle Nord.

—

SIXIÈME ÉDITION

TOURS

A^d MAME ET Cie, IMPRIMEURS-LIBRAIRES

—

1859

PRÉFACE

—◆—

Notre première idée, en commençant ce livre, était de tracer l'histoire complète des découvertes en Afrique, réservant toutefois pour un autre volume (1) les voyages en Nubie et en Abyssinie; mais, après nous être entouré de tous les matériaux nécessaires, nous avons été forcé de modifier notre plan

(1) Voyages et découvertes de Bruce en Nubie et en Abyssinie.

primitif. Nous avons reconnu que l'Afrique méridionale demandait à être traitée dans un ouvrage spécial, surtout au moment où les journaux anglais nous apprennent que de hardis colons viennent de pénétrer très-avant dans l'intérieur; nous avons dû attendre la publication de leur relation, sous peine d'être incomplet et peut-être inexact. Dès lors, nous nous sommes restreint au récit des voyages faits dans l'Afrique centrale et sur la côte occidentale, et encore avons-nous été forcé de négliger presque entièrement les voyages bornés au littoral, ne présentant que ceux de découvertes, et laissant de côté ceux qui traitent des établissements portugais, anglais et français, depuis que ces nations ont ouvert leurs relations commerciales avec les naturels.

Ce sont donc les voyages et les découvertes dans l'Afrique centrale qui sont le sujet de cette histoire. Quoique, géographiquement parlant, le Congo appartienne à l'Afrique méridionale, nous avons dû comprendre dans notre travail les explorations de cette vaste partie du continent, parce que c'est sur ce point que, dès 1448, les Portugais ont dirigé leurs expéditions, et que nous avons pu donner l'extrait du voyage de notre compatriote M. Douville ; nous avons été guidé par un autre motif, celui de retracer l'histoire complète des voyages en Nigritie, ou région des nègres, suivant la division du savant Balbi.

Quoique nous ayons suivi autant que possible l'ordre chronologique, nous nous en sommes écarté plus d'une fois, afin de réunir dans un même chapitre les voyageurs d'une même nation.

Telle est la tâche que nous avons entreprise. Heureux si nous avons conservé une partie de l'immense intérêt qu'on trouve à chaque page dans les relations vives, animées, pittoresques, qui nous ont servi de guides!

VOYAGES ET DÉCOUVERTES

DANS

L'AFRIQUE CENTRALE

ET

L'AFRIQUE SEPTENTRIONALE

CHAPITRE I

Coup d'œil général sur l'Afrique. — Histoire naturelle.

L'Afrique, ce grand continent qui forme à lui seul le tiers de l'ancien monde, est située sous les tropiques; son territoire est donc constamment exposé aux rayons perpendiculaires du soleil, qui brûlent toute sa surface et portent partout la stérilité et la désolation, changeant le sol en un immense désert, quand il n'est pas arrosé par des pluies abondantes ou par des rivières qui descendent des montagnes. La plus grande partie des plaines de l'Afrique, privées de ce dernier avantage, offrent un aspect désolé et terrible. Le grand désert de Sahara s'étend à travers le continent entier, à l'exception de la fertile vallée du Nil; montrant partout sa surface desséchée, que les voyageurs traversent pendant plusieurs jours sans trouver une seule goutte d'eau, sans voir la moindre trace de végétation. Pour ne pas s'égarer au milieu de ces collines de sable changeant presque continuellement de place, il ne faut pas qu'ils perdent de vue les traces de leurs guides. Les vents sont chargés d'une poussière sablonneuse, qui s'introduit dans la bouche et dans les narines; ces tourbillons de sable sont quelquefois tellement furieux, qu'on a longtemps prétendu que des caravanes et même des armées entières avaient été ensevelies vivantes dans le désert; mais il est maintenant certain que les ossements nombreux que l'on y rencontre sont ceux des voyageurs qui ont succombé à la faim, à la soif, à la fatigue, et dont les corps ont été bientôt recouverts par le sable.

Les plus anciens récits représentent le désert comme occupant une étendue semblable à celle qu'il a de nos jours, et s'accordent à dire que les côtes du nord étaient cultivées. Il est donc bien constant que ces déserts, déjà immenses, ne tendent pas à s'accroître, quoique l'industrie humaine ne fasse que de bien faibles efforts pour s'opposer à leurs progrès. Mais, afin de remédier en quelque sorte aux terribles effets du soleil, Dieu, dans sa prévoyante bonté, a donné à chaque pays de cette latitude une saison pluvieuse, pendant laquelle la pluie tombe par torrents; durant plusieurs jours la terre est inondée comme après un déluge; et les plus petits ruisseaux sont changés en torrents impétueux. Dès que la pluie cesse, l'action des rayons solaires est tellement puissante, que cette eau est bientôt absorbée ; les rivières qui s'étaient débordées sont plus longtemps à rentrer dans leur lit, et ces inondations sont la cause de cette fertilité étonnante qui distingue particulièrement les climats des tropiques.

L'Afrique a des chaînes de montagnes élevées qui donnent naissance à des rivières d'une grande étendue, sources constantes de fécondité ; et c'est dans le voisinage de ces fleuves que le soleil produit cette végétation vigoureuse et ces arbres gigantesques qui font l'admiration et l'étonnement des voyageurs.

A la tête du règne végétal, que la sécheresse du climat rend particulièrement pauvre dans la majeure partie de ce continent, on trouve le baobab, l'arbre le plus énorme de la terre. Adanson assure en avoir vu de cent vingt brasses de circonférence. Les branches, égalant en grosseur les arbres ordinaires, font que de loin un seul baobab offre l'apparence d'une forêt. Le manglier, qui vient dans des lieux marécageux, croît d'une manière fort remarquable ; ses branches tombent jusqu'au sol dans un terrain constamment humide, y prennent bientôt racine, poussent à leur tour de nombreux rameaux qui se comportent de la même manière, et forment sur les eaux une suite d'arcades naturelles ; puis les intervalles sont promptement remplis par des arbrisseaux et des plantes grimpantes, dont l'entrelacement fait en peu de temps un taillis impénétrable, à travers lequel il est fort difficile de se frayer un chemin. En approchant du désert, ces géants des bois disparaissant, la végétation présente un aspect différent et plus agréable. Là, on trouve dans les sables les forêts de mimosas qui distillent la gomme, branche importante de commerce; les lotos et les tamariniers, et plusieurs autres espèces dont les baies fournissent une nourriture abondante et salubre. Des buissons ornés de fleurs revêtues des plus brillantes couleurs embellissent les confins du désert; ainsi, au moment de pénétrer dans les lieux où la vie végétale cesse d'exister, les plantes, au lieu de prendre un caractère sévère, revêtent, au contraire, les formes les plus agréables et les plus riantes.

Le règne animal change également de nature dans les différentes parties de ce continent; les plaines arrosées par les grandes rivières renferment une multitude d'animaux qui partout disputent le sol aux hommes qui l'habitent; les lieux qui servent de retraite à ces quadrupèdes, monstrueux comme les arbres de leurs forêts, s'opposent à ce que les naturels tentent des efforts pour les détruire; ils se bornent à les repousser, et réservent leur courage et leur sagacité pour faire la chasse aux animaux paisibles, dont la chair leur sert de nourriture, et dont les dépouilles sont recherchées comme objet d'échange et de commerce.

Le lion, ce roi du désert, le plus puissant de tous les animaux d'Afrique, s'y rencontre fréquemment. On a longtemps exagéré son courage et sa férocité; mais il est à peu près certain que celui qui ose le regarder en face, après avoir esquivé ses premiers bonds, devient rarement sa victime. Il n'en est pas ainsi de l'hyène, elle est bien plus féroce et plus terrible. Les animaux de cette espèce se réunissent en troupes et pénètrent jusque dans les villages pour saisir les bestiaux et même les hommes; les naturels sont obligés de construire des enceintes autour de leurs huttes pour se mettre à l'abri de leurs attaques. L'éléphant parcourt en troupes nombreuses les pays les mieux boisés de l'intérieur. Sans égal en grandeur et en force, il est tranquille, majestueux, pacifique, n'attaquant ni les hommes ni les autres animaux; les Africains lui font une chasse constante, afin de se procurer la substance osseuse de ses défenses, qui, sous le nom d'ivoire, est très-recherchée dans le commerce. La force prodigieuse de l'éléphant, sa peau presque impénétrable, ses mouvements rapides, quoique réfléchis, rendent sa chasse très-périlleuse; aussi s'en empare-t-on plutôt par ruse que par force.

On ne trouve pas de tigres en Afrique; le léopard et la panthère en habitent certaines contrées.

Le long des immenses forêts qui bordent les grandes rivières, on rencontre des animaux amphibies. Le rhinocéros, quoiqu'il ne soit pas positivement amphibie, habite les marais et les terrains marécageux; presque égal en force à l'éléphant, il est loin d'avoir sa taille, sa gravité et son intelligence; ses cornes, estimées dans l'Orient, n'ont aucune valeur en Europe.

L'hippopotame, ou cheval marin, marche également sur la terre et au fond de l'eau, ou nage à sa surface : il est pesant, lourd et pacifique ; mais lorsqu'il est blessé, il devient terrible, s'élance sur ceux qui l'attaquent, et, par la seule force de ses puissantes défenses, il renverse et brise les canots.

Le plus terrible de tous les animaux des rivières de l'Afrique est le crocodile, parce qu'il n'attend pas d'être provoqué pour se jeter sur les hommes et sur les animaux les plus forts, qui ne craignent cependant pas d'engager avec lui de longs combats toujours terminés par la mort de l'un des combattants.

Les serpents sont également fort nombreux et très-redoutables, les uns par leur venin mortel, les autres par leur grosseur et leur force ; sous ce dernier rapport, les serpents d'Afrique ont toujours frappé le monde d'étonnement. Les anciens historiens nous racontent que l'un de ces serpents osa disputer à une armée romaine le passage d'une rivière, et que, pour le tuer, il fallut user des machines de guerre.

Lorsqu'on avance vers le désert, les animaux, comme les plantes, changent d'aspect ; au lieu d'avoir ces formes immenses, grossières et terribles, les animaux ont des formes légères et aériennes. Ce sont des antilopes de vingt espèces différentes, toutes agiles, élégantes, inoffensives ; le zèbre, avec sa peau tachetée qui l'enveloppe comme d'une robe de riche étoffe ; la girafe, le plus grand et le plus remarquable des quadrupèdes, dont les hautes jambes de devant, la longue encolure, la beauté gracieuse et étrange, excitent toujours l'admiration. Quoique les girafes ne soient pas nombreuses, on les rencontre cependant sur la plus grande partie du continent.

Comme si Dieu s'était plu à réunir en Afrique les animaux les plus extraordinaires, il a mis dans ses forêts l'orang-outang (1), qui semble être, pour les formes, le chainon intermédiaire entre l'homme et les quadrupèdes. Sa figure plate, sa stature droite, l'absence de queue, ses bras, qui ne sont pas d'une longueur démesurée, font de l'orang-outang une espèce de caricature de l'homme; son intelligence est aussi supérieure à celle des autres animaux. Les différentes espèces de singes sont excessivement nombreuses; c'est de là que viennent la majeure partie de ceux qui sont apportés en Europe.

Parmi les oiseaux, il en est un aussi singulier que la girafe l'est parmi les quadrupèdes: c'est l'autruche, que les Arabes ont surnommée oiseau *chameau*, à cause de la légèreté de sa course. Il est très-difficile de prendre les autruches vivantes; cependant les empereurs romains en présentaient des centaines à la fois à la curiosité du peuple lors des grandes fêtes qu'ils donnaient, et l'on sait qu'Héliogabale en faisait fréquemment servir sur sa table dans ses somptueux festins.

---

(1) Scientifiquement parlant, ce n'est pas le véritable orang-outang, c'est le chimpanzé: l'orang-outang ne se trouve qu'en Asie. (Voir l'*Histoire des quadrupèdes de cette collection*, page 26 et suivantes.)

Les insectes offrent également des particularités remarquables. Leurs tribus ailées se multiplient d'une manière effrayante sous la double influence de l'humidité et de la chaleur. Leurs nuées innombrables obscurcissent quelquefois le ciel; sur leur passage elles détruisent les récoltes et forcent les habitants à prendre la fuite; mais ces ravages ne sont rien en comparaison de ceux que font les sauterelles; quand leurs bandes épaisses sortent du désert, en vain les naturels désespérés essaient-ils d'arrêter leur course; elles ne connaissent aucun obstacle. Les pays qui, avant leur apparition, étaient couverts de riches moissons, n'offrent plus un seul brin d'herbe; et quand le manque de nourriture et les tempêtes en ont détruit d'immenses quantités, elles sont encore nuisibles par l'horrible infection qu'elles produisent. Quelques tribus en font cependant leur nourriture et les recherchent avidement.

Mais les plus extraordinaires de tous les insectes sont les termites ou fourmis blanches; elles couvrent des plaines entières de leurs fourmilières coniques, hautes de dix à douze pieds. Ces fourmis sont régulièrement divisées en deux classes: celle des travailleurs et celle des soldats; lorsqu'elles pénètrent dans une habitation, elles détruisent tout, habits, meubles, provisions, et n'épargnent pas même les habitants, qui succomberaient à leurs piqûres s'ils ne se hâtaient de fuir.

Tels sont les ennemis redoutables que les Africains ont à combattre; mais ce ne sont pas ceux qui sont le plus à craindre; l'homme n'a pas de plus implacable ennemi que son semblable. Depuis les temps les plus reculés, l'Afrique a toujours été le théâtre du crime et du meurtre. La société y a perdu sa simplicité primitive sans acquérir aucune idée d'ordre, de morale ou de civilisation. La fraude et la violence font partie du système social, et l'homme y tremble constamment devant l'homme. Chaque année des milliers de malheureux sont chargés de chaînes et vendus, pour être conduits en esclavage dans les colonies. La superstition, la tyrannie, l'anarchie et les intérêts opposés d'une foule de petits États entretiennent une guerre presque perpétuelle dans les contrées de l'intérieur.

Au milieu de ces sombres et lugubres tableaux, la main de Dieu a jeté quelques-unes des scènes les plus riantes et les plus belles de la nature. Dans les déserts, on trouve des oasis ou îles de verdure, que les voyageurs représentent comme des paradis terrestres; et, au sein des forêts les plus sauvages, l'œil étonné contemple des paysages ravissants qu'on était loin de s'attendre à trouver dans ces lieux.

De même, au milieu de la barbarie de ces nations, on rencontre des vertus qui honoreraient des sociétés civilisées. Les variétés de la nature et des caractères, les alternatives d'horreur et de beauté, de barbarie et de générosité rendent ce continent très-curieux à connaître, et jettent un immense intérêt dans les récits des voyageurs qui l'ont parcouru.

CHAPITRE II

Connaissances des anciens sur l'Afrique.

Si l'on excepte quelques renseignements épars dans l'Écriture sainte, c'est dans les récits d'Hérodote que nous trouvons la première description géographique de l'Afrique. Nous allons en extraire ce qui se rapporte à notre sujet. Il divise le continent en trois régions : la première, fertile et cultivée ; la seconde, agreste et habitée par les bêtes sauvages ; la troisième, déserte et sablonneuse. En quittant les côtes, qu'il appelle le *front de l'Afrique*, le pays devient de plus en plus aride ; on y voit des collines de sel, dans lesquelles les habitants creusent leurs demeures sans crainte de les voir fondre par la pluie, car dans ces régions la pluie est totalement inconnue. La terre n'est bientôt plus qu'un désert rempli de bêtes féroces ; elles le regardent comme leur domaine, et les hommes le leur disputent rarement. Le sol, brûlé par le soleil, ne produit même pas la nourriture de ses sauvages habitants ; on n'y trouve ni un arbrisseau, ni une goutte d'eau, et partout règne le silence et la désolation.

En partant de l'Égypte il reconnaît la route qui

conduit au Fezzan, et traverse le pays des *Cara-
mantes*, les *Nasamones*, habitants des contrées
voisines de l'Atlas; il parle des *Lotophages*, peuplades se nourrissant uniquement du fruit du lotos,
et de quelques autres tribus; mais il ne paraît avoir
connu l'intérieur que par le récit du voyage des
jeunes Nasamoniens, dont il va être question tout à
l'heure.

Pline nous transmet quelques détails intéressants sur les expéditions des Romains dans l'intérieur. Celle de Suetonius Paulinus conduisit ce
général au delà de l'Atlas, sur les bords d'un fleuve
Ger, ou Niger, selon d'anciens manuscrits; il pénétra ainsi chez les Canariens et les Perorses, voisins des Éthiopiens. Remarquons que les anciens
nommaient Éthiopie toute contrée habitée par des
hommes noirs.

Pline nous apprend, en outre, que, dans l'Éthiopie occidentale, sortait du lac Nigris une grande
rivière qui séparait dans son cours les Africains
des Éthiopiens, c'est-à-dire les nations blanches ou
basanées des peuples noirs; partant de là, il s'ef-
force de rattacher cette rivière au Ger ou Niger de
Paulinus, de n'en faire qu'une seule, et, après
lui avoir fait parcourir un assez long trajet souterrain dont la description est peu claire, il la
fait confondre ses eaux avec celles du Nil d'É-
gypte.

Dans l'ouvrage de Pomponius Mela, qui vivait à
peu près à la même époque, quelques erreurs disparaissent en partie. Ce géographe admet comme
probable l'hypothèse de la jonction du Niger et du

Nil, mais il rejette celle de son cours souterrain. Il place son Niger ou Nuchul dans l'Éthiopie, et fait sur le cours de cette rivière cette importante observation : « Tandis que les autres fleuves coulent vers l'Océan, celui-ci se dirige vers l'est et le centre du continent, où il se perd sans qu'on sache où se termine son cours. » Il était impossible d'exprimer avec une précision plus grande l'état de nos connaissances sur le Niger jusqu'en 1830.

Ptolémée est un peu plus instruit que ceux qui l'ont précédé, mais l'intérieur de l'Afrique présente encore, chez lui, une grande masse de notions confuses au milieu de quelques vérités nouvelles. Il est le premier qui ait annoncé avec certitude l'existence du fleuve Niger.

Les deux expéditions de découvertes le plus anciennement connues sont racontées par Hérodote. Nécho, un des plus illustres rois d'Égypte, résolut de dévoiler le grand mystère qui régnait alors sur la configuration et les limites de l'Afrique ; mais comme les Égyptiens se livraient peu à la navigation, il fut obligé de confier ce voyage à des Phéniciens, dont les récits furent transmis à Hérodote par les prêtres de Memphis.

Les navigateurs, après avoir descendu la mer Rouge, entrèrent dans l'océan Indien ; ils firent le tour du continent, et, pénétrant dans la Méditerranée par les colonnes d'Hercule, ils revinrent en Égypte. Ce voyage dura trois ans ; ce qui les frappa d'étonnement, ce fut de voir le soleil se lever à leur droite pendant qu'ils côtoyaient la partie méridionale de l'Afrique. Pour nous, qui connaissons la véritable figure de la terre, cette position du soleil est bien réelle, et l'étonnement des Phéniciens dut être la conséquence de leur ignorance en cosmographie.

La seconde expédition fut entreprise par cinq jeunes Nasamoniens, héritiers de riches familles. Poussés uniquement par le désir d'explorer ce continent mystérieux et inconnu, qu'on avait jusqu'alors considéré comme une terre de prodiges, ils franchirent les montagnes et poursuivirent leur voyage au milieu des sables du désert. Ils furent faits prisonniers par les noirs, et emmenés dans une ville entièrement peuplée de nègres et baignée par un fleuve qui coulait de l'ouest à l'est, et dans lequel ils virent des crocodiles. On ne sait pas comment, ni par quel chemin, les Nasamoniens revinrent dans leur pays. Hérodote pense que cette rivière doit être le Nil; mais le major Rennell croit que c'est le Niger de Mungo-Park, et la ville, Tombouctou. D'autres ont supposé, depuis les découvertes de Denham, que cette rivière est Yeou.

Un fait semble prouver que la possibilité de faire le tour de l'Afrique était admise par les anciens : Xerxès, en expiation d'un crime commis par l'un de ses courtisans, nommé Sataspes, le condamna à faire le tour du continent; celui-ci ne put achever cette entreprise, qui d'ailleurs n'a fourni aucune lumière nouvelle pour la géographie.

Hannon le Carthaginois fut plus heureux, s'il faut en croire l'histoire de son expédition, qui est parvenue jusqu'à nous. Vers l'an 570 avant Jésus-Christ, il partit avec une flotte composée de soixante grands vaisseaux que montait une armée de trente mille hommes (ce qui est contre toute espèce de vraisemblance historique); il doubla les colonnes d'Hercule, s'avança vers le sud, fonda plusieurs villes le long de la côte, et traversa des contrées où la terre paraissait tout en feu, où l'on entendait, durant la nuit, une musique sauvage, et dont les habitants, qu'il appela *Gorilles*, conservant la forme humaine, étaient cependant couverts de poils de la tête aux pieds. L'étendue de ce voyage est devenue nécessairement matière à discussion pour les géographes, qui varient entre eux de 400 milles, les uns faisant arrêter Hannon à la rivière Noun, les autres le conduisant jusqu'à Sierra-Leone; mais tous se sont accordés à reconnaître, dans les prodiges qui l'avaient frappé, ce qu'ont vu depuis les voyageurs éclairés par l'expérience, c'est-à-dire les flammes qui consument les herbes et les arbustes sauvages, les fêtes que, par une coutume fort naturelle dans des climats aussi chauds, les nègres ne célèbrent que la nuit, et les troupes d'orangs-outangs qui errent le long du rivage.

Mentionnons aussi les tentatives d'Eudoxus, qui, vers l'an 150 de Jésus-Christ, entreprit un voyage le long des côtes orientales; mais on ignore jusqu'où il s'avança. Il finit par se diriger vers l'ouest, dans l'espoir de faire le tour du continent; par malheur, à peine se fut-il avancé vers le sud sur les rivages de la mer Atlantique, que ses vaisseaux échouèrent simultanément sur un banc de sable, et il fut trop heureux de regagner l'Égypte sur un petit bâtiment composé des débris de la flottille.

CHAPITRE III

L'Afrique centrale au moyen âge.

Jusqu'au viie siècle de l'ère chrétienne, on se contenta de ces connaissances et de ces conjectures recueillies et commentées par les travaux de Ptolémée; mais lorsque Amrou eut planté l'étendard de Mahomet sur les bords du Nil, on vit s'ouvrir de nouvelles routes; les caravanes se formèrent, et le chameau (1), ce *navire du désert*, que les Arabes regardent comme un don particulier du Ciel fait à leur race privilégiée, vint avec ses maîtres habiter un nouveau climat et fouler un nouveau sol pour lequel il semble avoir été créé.

Bientôt on établit des relations commerciales avec l'intérieur; enfin, au milieu des sanglantes disputes qui s'élevèrent entre les successeurs du *Prophète*, ceux que leur mauvaise fortune exposait à l'animosité d'heureux rivaux cherchèrent un refuge

(1) Nous nous servons du mot générique chameau, bien que l'espèce à une bosse, ou le dromadaire, soit seule indigène; actuellement les caravanes se servent de l'un et de l'autre.

de l'autre côté du grand désert. Ce fut ainsi que, par des migrations successives, les Arabes devinrent nombreux dans l'Afrique centrale, qu'ils subjuguèrent bientôt par leur habileté dans l'art de la guerre. Ils fondèrent plusieurs puissants royaumes, dont on a longtemps cherché vainement les traces, et que nos contemporains ont pu explorer.

Ghanah était le plus florissant de ces États; c'était le centre du commerce de l'or que les marchands arabes recherchaient beaucoup. Les princes voisins regardaient le souverain de Ghanah comme leur supérieur. Sa cour était splendide; les peintures, les sculptures qui ornaient son palais excitaient la surprise des naturels; le roi se faisait trainer, dit-on, par des éléphants et des girafes qu'on savait alors apprivoiser, talent qu'on a perdu depuis. Enfin son trône brillait par une masse d'or pur du poids de trente livres. Les vicissitudes de la fortune renversèrent le royaume de Ghanah, dont le territoire fut successivement subjugué par les États limitrophes; les derniers voyageurs pensent que la ville de Kano, très-peuplée suivant eux, et encore aujourd'hui le principal marché du commerce de l'intérieur, est l'ancienne Ghanah.

A quatre jours de marche, au N.-O. de Ghanah, on trouvait le royaume de *Tocrur*, très-peuplé et indépendant; il s'y faisait un grand commerce, et les marchands de l'ouest y apportaient des coquilles, probablement celles qu'on nomme *Cruris*, et du cuivre. Tocrur est évidemment Sackatou ou Soccatou, ville maintenant capitale d'un empire qui comprend Ghanah (Kano) et les contrées voisines, et appelé *Takrour* par le major Denham, d'après les naturels. M. d'Avezac, qui fait autorité pour la géographie de l'Afrique centrale, propose de donner le nom de Takrur à ces immenses pays connus sous celui de *Belek-el-Soudan*, ordinairement *Soudan*, et qui comprennent toutes les terres situées entre la Sénégambie et le Dâr-Four, entre le grand désert et l'Ouanharac.

Koukou, situé à l'ouest de Ghanah, formait un autre royaume, dont la puissance et l'étendue ont été vantées par les écrivains arabes; c'est évidemment le Bornou. A vingt journées au sud se trouvait *Kaughah*, cité fameuse par son industrie, et dont les femmes étaient fort habiles dans la magie. Cette ville paraît être la même que celle qui est appelée *Loggun* par Denham, quoiqu'il n'y ait aucune ressemblance de nom; mais il cite aussi les travaux ingénieux et les belles manufactures des habitants, ainsi que l'intelligence supérieure des femmes; chez les peuples grossiers, l'esprit est toujours pris pour de la sorcellerie.

Au sud de Ghanah était *Ouangara* (1), district contenant de l'or. Cette région était représentée comme étant coupée et arrosée pendant la saison des pluies par les branches du Niger, dont les eaux

---

(1) Ce nom Ouangara indiquait sur les anciennes cartes un pays bas, humide, riche en or; selon Denham, il désigne toute contrée où il se trouve de l'or, notamment le Haut-Soudan, le Bambara et l'Achanti (note de la carte de Brue). Ajoutons que d'Avezac conserve ce nom à l'intérieur des terres qui, depuis les côtes de Guinée, s'étendent jusqu'au nord de Takrour (le Soudan).

débordées recouvraient les terres de sable, et les habitants trouvaient de l'or quand les eaux s'étaient retirées.

Les Arabes ne paraissent pas avoir eu des informations bien positives sur l'Afrique orientale; ils parlent de l'Atlantique comme étant seulement à cinq cents milles de Tocrur, quoiqu'elle en soit à plus de 2000 milles; ils disaient que le Nil des nègres se jetait dans cette mer, et qu'à son embouchure il y avait une île appelée Oulil, où il se faisait un grand commerce de sel. Peut-être prenaient-ils le grand lac Débo pour la mer. De toute la géographie ancienne de l'Afrique, il n'y a peut-être pas de point plus obscur que la position de cette île *Oulil*. Si l'on connaissait la véritable position d'Oulil, écrivait un savant, on aurait toute la clef de la géographie de l'Afrique. Ces idées générales sur l'Afrique centrale se sont complétées peu à peu, et furent recueillies, dans le xiie siècle, par Edryci, Abuleda, Ebn-al-Wardi, et autres écrivains arabes, qui firent des compilations dont les textes ont été expliqués, commentés, torturés de toutes les manières, depuis qu'on s'est sérieusement occupé en Europe de la géographie de l'Afrique; mais au xive siècle il existe un voyageur arabe, Ebn Batouta (1), qui, en 1353, traversa le continent du nord au sud et de l'est au sud-ouest, et dont la narration n'a été traduite que dans ces dernières années. Voici son récit tel que l'a donné M. Koregarten, professeur à Iéna.

---

(1) Sylvestre de Sacy écrit Aben-Abd-Allah Ebn Batouta.

« M'étant proposé de faire un voyage dans le pays des nègres, je me rendis à *Segelmésah*, ville très-belle et riche en dattiers; je la quittai vers le commencement de l'année 53 avec une caravane de marchands; au bout de vingt jours j'atteignis Tégâsa (la moderne Tiskut du major Rennell). Ce que cette ville offre de remarquable, c'est que les maisons et les temples sont construits d'un sel gemme et recouverts de peaux de chameau. Le territoire est entièrement composé de sable, et ne produit aucun arbre; il y a des mines de bon sel qui se trouve en forme de plaques épaisses et adhérentes les unes aux autres, comme si elles eussent été déposées dans la terre toutes polies; deux d'entre elles font la charge d'un chameau. Après un trajet de dix jours, la caravane arriva à *Tassahl*, où elle se reposa quelque temps. Entre *Tassahl* et *Eiouclaten* (Abou laten de la traduction de M. Lee) s'étend, l'espace de douze journées, un désert fréquenté par des esprits qui souvent fascinent les voyageurs; ce désert est si resplendissant, que l'âme s'en réjouit; on n'y rencontre point de voleurs.

« Deux mois juste après mon départ de Sigelmésah, nous gagnâmes Eiouclaten (la *Wolet* moderne des Anglais, *Oualet* des Français), premier endroit dans le territoire des nègres. A leur arrivée, les marchands déposèrent leurs denrées dans une place, et les nègres les prirent sous leur garde. La chaleur y est excessive, les palmiers y sont rares, et l'on sème des melons à leur ombre; les habitants entretiennent beaucoup de brebis. Les femmes y sont d'une très-grande beauté et plus considérées que les hommes. Les enfants ne prennent point le nom de leur père, mais celui de leur oncle maternel, dont ils héritent ; mais ils n'héritent pas de leur père. Jusqu'alors j'avais observé cet usage chez les païens au Malabar ; ceux-ci sont musulmans.

« De là je me dirigeai vers la ville de *Mali* (Melli) ; le trajet depuis Eiouclaten est de vingt-quatre jours lorsqu'on voyage rapidement. Le désert qu'il faut franchir abonde en arbres hauts, touffus, où les caravanes peuvent se reposer à l'ombre. Parmi ces arbres, il en est qui servent de réservoir aux eaux pluviales : ils sont si creux, que l'eau s'y rassemble comme dans un puits. D'autres sont occupés par des abeilles, dont les voyageurs enlèvent le miel. Dans un de ces arbres s'était même établi un tisserand, que j'y vis avec surprise travailler. Les courges deviennent très-grandes dans le pays des nègres, elles ont presque le volume d'un large plat. Ceux qui voyagent à travers ce désert ne portent avec eux ni eau, ni autres provisions que des morceaux de sel et de drogues aromatiques, parmi lesquelles le girofle et le mastic obtiennent la préférence chez les habitants. Lorsqu'ils sont arrivés près d'une ville, les femmes des nègres apportent du lait, des poules, du riz et de la farine ; mais leur riz est nuisible à la santé des blancs.

« Au bout de huit jours nous arrivâmes à *Sagheri* (propablement *Sankari*), grande ville habitée par des marchands nègres ; ensuite nous campâmes à *Karssakhou*, ville située sur le bord du *Nil* qui, dit-on, descend à Kabra, puis baigne *Tombouctou* et *Kok*, dont je parlerai plus bas; *Mali*, dernière ville de l'empire du même nom; enfin *Ioī* (Yeou). C'est le plus grand empire nègre, et le sultan le plus élevé des sultans nègres. Les blancs ne le fréquentent pas; ils sont tués avant d'y pénétrer. A Karssakhou, je vis sur le rivage un crocodile semblable à un petit canot. Finalement j'atteignis la ville de *Mali* (Melli de Léon l'Africain, et dont il est aujourd'hui impossible de déterminer le nom et la position), résidence d'un prince nègre, et je m'y logeai à l'hôtel des Blancs. Je fis ma visite au sultan, mais il n'y a pas de ressource avec lui, c'est un avare : il m'envoya trois petits gâteaux, un morceau de bœuf et une courge. Un pareil présent de la part d'un roi me surprit.

« Les nègres se montrent, plus que les autres peuples, soumis et serviles envers leur roi; ils jurent par son nom, et quand ils lui parlent, ils ôtent, en signe de respect, leur habit, et se couvrent la tête de poussière; lorsque le sultan parle en son conseil, les assistants ôtent leurs bonnets et gardent le silence. Ce que j'ai trouvé de beau dans les mœurs des nègres, c'est qu'on éprouve rarement une injustice chez eux, car le sultan n'en pardonnerait aucune. On y jouit de la plus grande liberté. Il n'y a pas de mines d'or chez eux. En revenant de Mali, je vis des hippopotames paître sur le bord de la rivière; plus grands qu'un cheval, ils en ont la tête, des queues, des crinières et des pieds d'éléphant.

« Le chemin me conduisit à *Tombouctou* (1) (c'est le première fois qu'il est fait mention de cette ville, qui a tant occupé le monde savant). Poursuivant de Tombouctou notre voyage sur le Nil dans un canot fait d'un seul tronc d'arbre, nous relâchâmes chaque jour à des villes pour acheter du sel, jusqu'à ce que nous abordâmes à *Koukou*, grande ville située sur le Nil, et plus belle que ne le sont communément celles des nègres. De là je me rendis à *Bourdama*, puis nous gagnâmes Tekedda, ville bâtie de pierres rouges; l'eau y filtre à travers des veines métalliques qui en changent la couleur et la saveur; le territoire est assez stérile. Les habitants de la ville se livrent uniquement au commerce; ils vont en Égypte et en rapportent des vêtements précieux; ils tirent mutuellement vanité de la multitude de leurs enfants. Au dehors de la ville se trouvent des mines de fer; pour les exploiter, on fouille la terre, on extrait le métal, on le fait fondre, et on en forme des masses de la longueur d'une courroie, qui entrent dans le commerce. J'ai fait ma visite au sultan, qui me combla d'honneurs et m'offrit quelques présents. »

Ebn Batouta revint à Fez par la route de Touât; la fin de ses voyages ne nous offre rien de remarquable.

La célèbre description de l'Afrique par el Hassani Ben Mohammed el Wassan el Fazi, surnommé

---

(1) Jusqu'à la publication du voyage d'Ebn Batouta on a écrit Tomboctou ou Tombouctou; mais on a connu alors la véritable orthographe, qui est Ten-Boktou. Nous conserverons cependant celle de Tombouctou, parce qu'elle est plus généralement employée, quoique à tort.

Léon l'Africain, forme la chaîne qui rattache les découvertes des modernes aux récits des géographes arabes. Il parcourut l'Afrique jusqu'au 15° de latitude nord, vers 1511, et donna une description de cette partie du continent. Pendant l'intervalle, il paraît que plusieurs changements avaient eu lieu. Dans son ouvrage, Ghanah, nommé Kano, ne tient plus le premier rang parmi les États situés sur les rives du Niger; il est devenu tributaire du royaume de Tombucten (*sic*). Ouangara, auquel il donne le nom de Guangara, figure comme un État indépendant dont le souverain entretient une armée considérable. L'or, qui rendit cette contrée si célèbre, se trouve, suivant Léon, non dans le pays même, mais dans les montagnes vers le sud. Il décrit Bornou sous sa dénomination actuelle, et Cassina ou Cachenach sous le nom de Casena. Mais l'événement le plus remarquable est la fondation du royaume de Tombout, communément appelé Tombouctou. En l'année 1610 de l'hégire (A. D. 1213), Izehia, l'un de ses plus anciens souverains et l'un des plus puissants et des plus guerriers, soumit et rendit tributaires tous les États environnants, dont les plus importants étaient Ghima ou Genni (Jenne), Melli, Cesana, Gouber, Zanfara et Kano. Cependant la capitale n'était rien moins que magnifique; des maisons construites en forme de cloches, dont les murs consistaient en claies enduites d'argile, et les toits en roseaux entrelacés, offraient sans doute un aspect peu agréable; cependant une mosquée et le palais du roi étaient bâtis en pierre. Un architecte mandé de Grenade avait construit ce dernier. Il s'y fabriquait une grande quantité d'étoffes de coton; les marchands possédaient d'immenses richesses, et deux d'entre eux avaient épousé des filles du roi. La ville est abondamment approvisionnée d'eau, au moyen d'écluses qui retiennent celles du Niger à l'époque de ses débordements. Le pays est riche en grains, en bestiaux et en toute espèce de denrées nécessaires à la vie, excepté le sel, qu'il faut faire venir de Tegazza, distant de 500 milles géographiques (un peu plus de 200 lieues de vingt-cinq au degré).

Cabra, ville bâtie de la même manière, mais plus petite, située sur le Niger, à douze milles de Tombouctou, était le port où les voyageurs s'embarquaient pour les contrées occidentales de la Guinée et de Melli. La Guinée est dépeinte comme une région immense de 500 milles de long sur 250 de large, côtoyée par le Niger jusqu'à l'embouchure de ce fleuve dans l'Océan.

Ici se terminent les chapitres préliminaires de notre histoire. Avant même l'apparition du livre de Léon, les Portugais avaient découvert les côtes occidentales de l'Afrique, et le grand continent était ouvert aux explorations des Européens.

CHAPITRE IV

Découvertes des Portugais.

GELIANEZ. — LANCELOT. — DIÉGO CAM. — RUI DE SOUSA.

Vers la fin du xv⁰ siècle, l'esprit humain commença à prendre son essor dans toutes les directions. Tout était tenté avec ardeur pour rivaliser et même surpasser ce qui avait été fait dans les âges les plus brillants de l'antiquité; ce fut surtout vers les découvertes maritimes que les plus grands efforts se dirigèrent. L'invention de la boussole, l'habileté des pilotes vénitiens et génois, inspirèrent au genre humain l'espoir d'outre-passer les anciennes limites du monde connu et de découvrir des régions encore inexplorées. Un peuple qui n'avait que de faibles ressources courut le premier dans cette carrière et resta quelque temps à la tête des autres nations européennes. Le Portugal, sous le règne des rois Jean et Emmanuel, s'éleva à un haut degré de prééminence dans toutes les entreprises maritimes. Le prince Henri, le plus jeune des fils de Jean I⁰⁰, consacra toutes les pensées de sa vie entière à l'encouragement des expéditions navales. Son esprit ne fut cependant pas entraîné vers le nouveau monde récemment découvert par l'immortel génie de Colomb. La position du Portugal, ses guerres avec l'empire du Maroc, l'amenèrent à penser que les côtes occidentales de l'Afrique devaient être un champ fécond en découvertes. Les renseignements sur les côtes étaient alors tellement bornés, que lorsque Gelianez eut, en 1435, doublé le cap Boyador, son audace causa une surprise et une admiration semblables à celles qu'avait excitées la découverte de l'Amérique. Il fit de rapides progrès le long des côtes du Sahara, et les navigateurs portugais ne furent pas longtemps à découvrir toutes les fertiles régions arrosées par le Sénégal et la Gambie.

Nuno-Tristan découvrit, en 1443, au delà du cap Blanc, l'île d'Arguin. Les Portugais y placèrent leur principal établissement, malgré le malheur de Gonzalve de Cintra, qui fut tué en 1443 par un parti de Maures. Le pays était loin d'offrir un aspect séduisant, quoiqu'il fût visité par les caravanes du Bambara et du Ludamar, qui faisaient des rapports favorables sur la fertilité des régions intérieures.

En 1466, Fernandez Deniz découvrit le cap Vert, et la même année Lancelot entra dans le Sénégal. Les Portugais s'établirent dans les régions populeuses et fertiles qui avoisinent le fleuve, dans l'espoir d'être payés de leurs efforts, qui jusqu'alors avaient été, pour ainsi dire, infructueux. Il se présenta alors une circonstance des plus favorables pour leur monarque, qui ne cherchait qu'à étendre son pouvoir. *Bemoy*, prince de la nation des Yoloff, étant venu à Arguin, se plaignit d'avoir été chassé de son trône, et demanda l'aide des Portugais pour y remonter, leur promettant de devenir leur allié et même leur vassal. Il fut reçu à bras ouvert et conduit à Lisbonne, où on lui fit la réception la plus brillante. Après s'être instruit dans la religion chrétienne, il fut baptisé et fit hommage au roi et au pape de son royaume. On prépara un puissant armement qui fut confié à Vaz d'Acunha; celui-ci partit avec le roi nègre, et aborda au Sénégal.

La fin de cette aventure fut extrêmement tragique : une dispute s'étant élevée entre Bemoy et le commandant, celui-ci le poignarda, soit qu'il ne fût pas maître de sa colère, soit qu'il soupçonnât sa fidélité. D'Acunha, à son arrivée, fit construire un fort, et envoya des émissaires à l'intérieur, ce qui procura aux Portugais des connaissances étendues sur ces régions, alors tout à fait inconnues, et qui depuis n'ont été visitées que par des voyageurs contemporains. Cependant ces documents se sont perdus ou sont restés enfouis dans les archives de la cour de Lisbonne. Les Portugais continuèrent leurs progrès en Afrique; en 1471, ils découvrirent la Côte-d'Or, nom qu'ils lui donnèrent à cause de l'importance du commerce de poudre d'or qui s'y faisait. Ils bâtirent Elmina, qui devint bientôt la capitale de leurs établissements sur le continent.

A peu près dans le même temps, les Portugais, désirant se créer un titre à la possession de cette côte étendue, dont ils venaient récemment de découvrir une partie, appelèrent la religion à leur secours. On avait, dès le principe, érigé en maxime que, lorsqu'une terre était conquise sur les infidèles, elle appartenait de droit aux conquérants. Cette prétention avait été justifiée par une bulle du pape, qui accordait aux Portugais une souveraineté entière sur les terres qu'ils découvriraient au delà du cap Boyador. Aussitôt après la fondation d'Elmina, le roi n'hésita pas à prendre le titre pompeux de seigneur de Guinée; et dans les instructions qu'il donna à ses officiers, il leur prescrivit, non de planter une croix de bois pour prendre possession du pays, comme on l'avait fait jusqu'alors, mais d'ériger une colonne en pierre deux fois haute comme un homme, sur laquelle ils graveraient des inscriptions convenables, et qui serait surmontée d'un crucifix en plomb. En 1484, Diégo Cam partit d'Elmina pour rechercher de nouveaux rivages où il pût élever cet emblème de la domination portugaise. Après avoir doublé le cap Sainte-Catherine, son vaisseau fut enveloppé par un très-fort courant partant de la terre, dont il était cependant fort éloigné; l'eau était douce. Diégo conjectura que ce devait être l'embouchure d'une grande rivière, ce qui fut bientôt éclairci; et cette rivière est devenue célèbre sous le nom de Zaïre ou Congo.

Diégo, ayant relâché sur la côte, éleva la première colonne; cet événement fut regardé comme tellement mémorable, que les écrivains ont souvent donné à ce lieu le nom de rivière de la Colonne. Diégo établit des relations avec les naturels et s'informa de la résidence de leur souverain : ils désignèrent un lieu situé à une distance considérable dans l'intérieur, et s'offrirent de servir de guides à quelques-uns de ses gens, promettant de les ramener sains et saufs après un temps qu'ils limitaient. Les relations étaient devenues de plus en plus amicales; Diégo saisit le moment où plusieurs des principaux étaient sur son bord pour lever l'ancre et gagner la pleine mer. Comme ils étaient visiblement alarmés, il calma leurs craintes en leur indiquant par signes qu'il agissait ainsi pour satisfaire le désir de son souverain, qui désirait voir des chefs africains et converser avec eux, leur promettant de les ramener dans quinze lunes, et leur disant qu'il leur laissait en otage ceux de ses compagnons qu'il avait députés vers leur souverain.

Diégo arriva à Lisbonne, où il entra avec les trophées vivants de ses découvertes, ce qui causa une grande satisfaction au roi. Il combla de présents les sauvages, et les renvoya à l'époque désignée. Diégo, de retour au Zaïre, fut invité à se présenter à la cour du souverain, qui le reçut avec distinction.

Les conversations de Diégo le déterminèrent à embrasser le christianisme et à envoyer plusieurs de ses officiers en Europe pour s'y instruire dans les principes de notre religion. En conséquence ils partirent, et furent reçus avec autant de plaisir que les premiers; ils demeurèrent deux ans à Lisbonne, et quand ils furent jugés dignes d'être baptisés, le roi voulut être le parrain du principal envoyé; ses courtisans l'imitèrent, et chaque Africain reçut le nom de la personne qui lui fit l'honneur de le présenter au baptême.

En 1490, un nouvel armement, commandé par Rui de Sousa, reconduisit les Africains au Congo. Les Portugais furent reçus avec la plus grande pompe; les naturels s'approchèrent rangés sur trois lignes, faisant retentir l'air du bruit de leurs instruments de musique et poussant d'horribles cris. Le roi était assis sur un siége d'ivoire élevé sur une plate-forme dressée au milieu d'une grande place; il était vêtu d'une peau magnifique; un anneau de cuivre entourait ses bras, une queue de cheval flottait sur ses épaules, et sa tête était couverte d'un beau bonnet tissu de feuilles de palmier. Il accorda la permission d'élever une église, et le jour même de la consécration de ce monument, le roi, tous les chefs de sa nation, et cent mille de ses sujets reçurent le baptême. Rui de Sousa lui offrit en ce moment un étendard décoré de la sainte croix, qui devait lui assurer à jamais la victoire; c'était le même dont le pape Innocent VII avait fait présent aux croisés pour la guerre contre les infidèles.

Le vieux roi étant mort, ses deux fils se disputèrent le trône, et la guerre civile désola le pays. Enfin la victoire resta à Alfonso, qui s'était prononcé pour la cause du christianisme et de la civilisation, tandis que son frère était le champion du paganisme et de la barbarie. Les missionnaires formèrent alors quelques établissements, et furent successivement renforcés par l'arrivée de plusieurs de leurs frères. Ils purent alors se répandre dans les contrées voisines, très-riches et très-populeuses, quoique extrêmement barbares. Partout où ils allè-

rent ils eurent le même succès. Les peuples leur
faisaient les plus brillantes réceptions, et s'assemblaient en grand nombre pour assister et prendre
part à leurs cérémonies. Acceptant avec reconnaissance les dons sacrés qu'on leur faisait et recevant
le baptême par milliers, ils ne paraissaient pas cependant disposés à abandonner certaines coutumes
superstitieuses, dont les missionnaires s'efforçaient
de les détacher par tous les moyens en leur pouvoir.

Ainsi la croyance aux talismans était dans toute
sa force. La magie était généralement répandue, et
ses applications étaient fréquentes, surtout dans les
épreuves judiciaires. Quand un individu se plaignait
d'un autre, on ne recherchait pas si le fait dénoncé
était vrai, chaque cas était décidé par des moyens
surnaturels; les magiciens préparaient des breuvages
que l'accusé avalait, et qui, suivant le degré du
crime, produisaient sur le coupable des spasmes, des
convulsions et la mort, tandis que l'innocent ne devait en éprouver aucun mal. Celui qui payait le plus
cher les magiciens était nécessairement innocent. Le
roi était exempt de cette épreuve, appelée *bolungo*,
mais on y en substituait une autre : on le liait et on
le jetait dans un bassin plein d'eau : s'il enfonçait, il
était déclaré coupable. On ne peut que louer le zèle
des missionnaires à faire disparaître ces coutumes,
qui rappelaient quelques-uns des anciens usages de
l'Europe, que la religion a aussi, depuis longtemps,
fait abandonner.

Les peuples du Congo, avons-nous dit, croyaient
beaucoup à la magie; une classe de femmes profes-

tait de cette superstition pour s'arroger un grand pouvoir. Au moyen de certaines paroles, elles prétendaient guérir toutes les maladies. Il y avait une autre classe de magiciens plus puissants qui commandaient aux éléments; on les appelait *scingilli*, et le chef se nommait *Ganja-Chitorne* ou dieu de la terre; on avait soin de lui offrir les prémices des fruits. L'espèce humaine est la même partout; aussi ces magiciens n'offrent-ils rien de particulier; nous les avons trouvés en Amérique lors des découvertes; leur pouvoir n'a rien perdu de sa force à la Nouvelle-Zélande et à Tonga, comme nous l'avons montré; les Esquimaux obéissent aussi aveuglément à leurs angekok.

On n'a aucune notion sur la manière dont les missionnaires furent obligés de quitter de Congo; on ne sait pas même l'époque où ils en sortirent; mais le capitaine Tukey, dans ses dernières expéditions sur les bords du Zaïre, n'a trouvé ni traces ni souvenir de leur passage.

Parmi les causes qui excitèrent les Portugais dans leurs expéditions, il en est une dont nous n'avons pas parlé pour ne point interrompre notre narration: c'était l'espoir de connaître le séjour d'un homme vaguement appelé le *Prêtre-Jean*. Il est difficile de remonter à l'origine de cet être mystérieux, qui devint le but constant des Portugais dans leurs découvertes. On le plaça d'abord au centre de l'Asie, où, suivant le rapport de quelques anciens voyageurs, un monarque chrétien régnait alors. Le grand Lama, ou prêtre souverain du Thibet, donna probablement lieu à ces bruits, que des recherches dirigées de ce côté détruisirent bientôt. On croyait généralement que sur la côte orientale de l'Afrique existait un souverain chrétien dont les vastes possessions s'étendaient fort avant dans l'intérieur. Depuis cette époque, tous les bâtiments expédiés pour une partie quelconque de la côte reçurent, pour premières instructions, l'ordre de s'informer avec le plus grand soin si les habitants savaient quelque chose de l'empire en question. On saisit toutes les occasions favorables pour s'avancer dans l'intérieur, et lorsqu'on apprenait le nom d'un souverrain, on se hâtait de lui envoyer une ambassade pour savoir s'il était le *Prêtre-Jean*, ou s'il pouvait donner quelques renseignements sur la résidence de ce personnage; toutes les recherches furent inutiles, et l'on ignora toujours ce qui avait pu donner naissance à cette fable.

CHAPITRE V

Premières découvertes des Anglais.

THOMPSON. — JOBSON. — VERMUYDEN. — STIBBS.

Les Portugais, à la suite de leurs conquêtes et de leurs découvertes, regardaient l'Afrique comme un pays leur appartenant en propre. Mais, sous le règne de Philippe II, ils perdirent tout esprit national et toute énergie. L'influence de leur nouveau souverain les enveloppa dans la guerre avec la Hollande, dont les escadres s'emparèrent successivement de leurs plus importantes possessions en Afrique, aussi bien que dans les Indes orientales. En 1637, Elmina, capitale des établissements portugais, tomba au pouvoir de leurs hardis et heureux rivaux. Alors les présomptueux seigneurs de la Guinée, comme ils se nommaient, n'occupaient plus un seul point de l'immense étendue des côtes occidentales, où ils avaient régné en maîtres; ils ne conservèrent plus que Madère, les Canaries et quelques autres îles qui étaient belles, fertiles, et d'une certaine importance politique et commerciale.

Les Hollandais ne restèrent pas longtemps tranquilles possesseurs de l'empire des mers. Les glorieux et magnifiques résultats de la découverte des deux Indes avaient prouvé que l'Océan était le théâtre où l'on pouvait acquérir de la gloire et des richesses. Les Anglais et les Français se précipitèrent dans cette nouvelle carrière, s'efforçant de surpasser leurs prédécesseurs et de l'emporter les uns sur les autres. Ils firent plusieurs établissements en Afrique pour se procurer des esclaves, qu'ils transportèrent aux Indes; mais, bientôt après, leur attention se porta vers un but plus innocent et plus productif : des récits brillants parvenus en Europe vantaient l'immense quantité d'or qu'on trouvait à Tombouctou et le long du Niger. On avait même reçu des lettres de Maroc qui représentaient les trésors de cette province comme supérieurs à ceux du Mexique et du Pérou. Un désert immense à traverser et des habitants barbares rendaient, il est vrai, ces riches contrées presque inaccessibles, mais il se présentait un autre chemin qui paraissait plus favorable pour parvenir au milieu du pays. Suivant tous les systèmes géographiques de ce temps, on regardait la grande rivière du Niger comme coulant à travers tout le continent, et couvrant d'or, au moyen de fréquentes inondations, toutes les plaines qui la bordent : il était facile d'en tirer la conséquence que ce fleuve communiquait avec l'Atlantique par le Sénégal et la Gambie, ou, comme on le supposait alors, par ces deux rivières à la fois, qu'on croyait être des branches du grand fleuve. Donc, en remontant l'une des deux rivières, il semblait facile d'arriver à Tombouctou et dans le pays de l'or, ce qui était l'ambition de chacune des nations européennes.

En 1618, il se forma en Angleterre une compagnie dans le but d'explorer la Gambie; dès cette même année on y envoya Richard Thompson, homme de talent et de courage; il montait un navire de 120 tonneaux, chargé d'une riche cargaison. Dans le mois de décembre il entra dans la rivière, et la remontant jusqu'à Kassan, ville fortifiée, il y laissa son navire et une partie de son monde, et continua son voyage dans des canots. Les Portugais, qui étaient encore fort nombreux dans ce district et qui y conservaient une ancienne puissance, furent jaloux de voir une expédition entreprise par une nation rivale. Conduits par Hector Nunez, ils attaquèrent avec furie les Anglais restés à Kassan, et les massacrèrent tous. Thompson, en apprenant cette horrible nouvelle, quoiqu'il fût hors d'état de tenter le moindre effort pour venger ses infortunés compatriotes, se maintint dans sa position sur la rivière, et envoya en Angleterre demander du secours, en faisant un rapport favorable sur les progrès généraux de l'expédition. La compagnie dépêcha aussitôt un autre vaisseau, qui arriva malheureusement dans une mauvaise saison, et perdit la plus grande partie de l'équipage par les maladies. Loin d'en être découragée, la compagnie arma une expédition plus considérable, dont le commandement fut donné à Richard Jobson. C'est à lui qu'on doit les premiers récits satisfaisants sur les contrées qu'arrosent les grandes rivières de l'Afrique occidentale.

Jobson entra dans la Gambie en novembre 1620 ; il apprit aussitôt la mort de Thompson, qui avait été massacré par son équipage. Il remonta rapidement la rivière, et arriva bientôt à Kassan ; les Portugais avaient pris la fuite dès qu'ils avaient eu connaissance de son approche, et le petit nombre de ceux qui étaient restés prétendirent qu'ils étaient étrangers au massacre exécuté par les ordres de Nunez, et qu'ils s'y étaient même opposés. Il paraît que cette défense n'était qu'un prétexte pour demeurer dans la ville, et qu'ils tramèrent un nouveau plan d'attaque en excitant les naturels contre les Anglais. Jobson, méprisant les craintes manifestées par quelques-uns des siens, poursuivit sa course ; mais, parvenu aux chutes de Barraconda, il éprouva les plus grandes difficultés. Le courant qu'il remontait était rapide, et des rochers cachés sous l'eau rendaient la navigation fort dangereuse, surtout pendant la nuit ; il échoua fréquemment sur des bancs de sable et des bas-fonds, et son équipage fut souvent obligé de se mettre à l'eau pour pousser le bateau par-dessus les obstacles ; il se vit même forcé, une fois, de le porter pendant un mille et demi, jusqu'à ce qu'il eût trouvé une eau plus profonde.

Les Anglais avaient alors devant les yeux un monde nouveau, et la nature se présentait à eux sous un aspect bien différent de ce qu'ils connaissaient. Partout ils trouvaient d'immenses forêts d'arbres tout à fait inconnus ; la terre et l'eau étaient peuplées par une multitude d'animaux sauvages qui, pendant la nuit, remplissaient l'air de leurs cris. Quelquefois on voyait une vingtaine de crocodiles réunis sur l'eau, et l'horrible bruit qu'ils faisaient pouvait s'entendre à la distance d'une lieue. Dans chaque étang ils apercevaient des hippopotames, qui s'arrêtaient et semblaient s'étonner à la vue des étrangers qui venaient les troubler dans leurs retraites ; ils s'enfuyaient dès qu'on approchait d'eux, et se mettaient bientôt à l'abri des poursuites. On apercevait souvent, à peu de distance, des lions, des ours, des léopards ; mais les alarmes causées par la présence de ces terribles animaux étaient bientôt dissipées, et les matelots prenaient un plaisir toujours nouveau à examiner les joyeuses gambades des innombrables singes dont ils étaient, pour ainsi dire, entourés.

Au milieu de ces dangers et de ces aventures, les

Anglais arrivèrent à Tenda le 26 janvier 1621, où ils se rencontrèrent avec Buckar Sano, le principal marchand de la Gambie, qui leur fut d'un grand secours pour leurs relations avec les naturels. La nouvelle de l'arrivée d'un vaisseau qui remontait la rivière pour commercer, attira un grand concours de monde de tous les districts voisins; les habitants construisaient des cabanes temporaires, et formaient de petits villages improvisés sur plusieurs points du rivage. Ils étaient souvent au nombre de trois cents, couverts de peaux de bêtes sauvages.

Tous demandaient du sel à grands cris, mais Jobson, ignorant que cette denrée fût très-recherchée dans l'Afrique centrale, n'en avait pas pris une quantité suffisante.

Buckar Sano introduisit les Anglais à la cour de Tenda. Lorsque les voyageurs furent en présence du roi, ils eurent un exemple de l'avilissant hommage exigé par les princes nègres. Dès que le riche marchand fut près du roi, il lui toucha les genoux, puis, se dépouillant de ses vêtements et quittant même sa chemise, il s'étendit sur la terre, et les gens de sa suite le couvrirent de poussière et de boue; après être resté un certain temps dans cette position, il se releva, se secoua, et deux de ses femmes essuyèrent la terre dont il était couvert; il se revêtit de ses plus beaux vêtements, et prit un arc et un carquois. Les hommes de sa suite et lui firent mine de vouloir percer Jobson de leurs flèches, puis ils déposèrent leurs arcs à ses pieds, comme pour lui rendre hommage.

Buckar expliqua le but de cette cérémonie, par

laquelle le roi faisait au capitaine cession de ce pays moyennant quelques bouteilles d'eau-de-vie. Jobson paya, non sans une certaine répugnance secrète, parce qu'il craignait beaucoup de ne jamais retirer de son nouveau domaine l'équivalent du faible prix d'achat.

La saison sèche était dans toute sa force, l'eau baissait de plus en plus; le capitaine résolut cependant de renouveler ses efforts pour s'avancer encore. Animé comme il l'était par les récits trompeurs et exagérés de Buckar Sano sur la ville de l'or, il pensait qu'on n'était plus qu'à quelques jours de marche de Tenbaconda, qu'il supposait être Tombouctou. Cette supposition était évidemment erronée, puisque cette ville est à plus d'un millier de milles du point où se trouvaient alors les Anglais; mais l'eau était si basse, que Jobson essaya en vain de remonter la rivière. Il commença à la descendre le 10 février, se proposant de revenir quand la saison des pluies aurait rendu la rivière navigable. Ce projet ne fut jamais mis à exécution; il s'eleva entre la compagnie et les marchands des discussions qui s'opposèrent pendant plusieurs années à de nouvelles tentatives sur ce point.

Jobson est peut-être le premier Anglais qui ait eu la facilité d'observer les mœurs et les superstitions des naturels : il trouva chaque chef entouré d'une bande de musiciens; leurs instruments étaient de bois et de forme grossière; les musiciens étaient souvent réunis à des magiciens, tous vêtus d'une manière fantastique, et formaient des groupes singuliers.

Un être appelé *Horey* par les naturels, nom que nos voyageurs ont traduit par *le diable* (the devil), joue un rôle important dans toutes les fêtes ou cérémonies. Des cris épouvantables, sortant du fond du bois ou des creux des rochers, annoncent sa présence. Ce bruit continue jusqu'à ce qu'une large part du festin soit déposée près du lieu où il se fait entendre; à peine les porteurs de présents se sont-ils éloignés, que tout disparait en un moment. Si l'on néglige d'acquitter ce don, ou s'il est insuffisant, la divinité offensée enlève par représailles un jeune garçon, qu'elle loge, suivant l'opinion vulgaire, dans son estomac, jusqu'à ce qu'une plus grande quantité de vivres ait apaisé son courroux. Jobson vit plusieurs de ceux qu'on avait ainsi retirés des mâchoires de Horey; tous portaient sur leur physionomie l'empreinte d'une consternation profonde, mais tous gardaient un imperturbable silence, et jamais il ne put, même en leur offrant son fusil, obtenir d'eux la moindre réponse à ses questions.

Il attribue, par une conjecture très-plausible, toute l'illusion aux jongleries de leurs marabouts; et il ajoute: « L'enrouement de plusieurs d'entre eux montre assez à quel métier ils ont gâté leur voix. » Il eut, bientôt après, une preuve plus convaincante de la justesse de son opinion : se promenant avec un des marabouts, il entendit retentir à peu de distance les cris effrayants de Horey. Jobson, loin de paraitre intimidé, arma son fusil, et s'apprêtait à tirer sur sa majesté infernale, lorsque le marabout le retint, et chercha, par tous les

moyens possibles, à le détourner de son dessein ;
mais le trouvant inébranlable, il se hâta de transmettre à la place menacée un avertissement assez
clair pour être compris par Jobson, qui, s'étant
promptement dirigé sur cet endroit, y trouva un
nègre robuste couché sur la terre, et tellement
anéanti par la peur, qu'il n'avait pas même la force
de demander grâce.

Les notions que Jobson a recueillies sur le pays
et les habitants se réduisent à ceci : tout le monde,
depuis le plus grand jusqu'au plus petit, se livre à
l'agriculture, dont les travaux se font à la main.
Le riz fut la seule espèce de grain qu'il vit. Le pays
abonde en bananes, limons, oranges et palmiers.
Jobson fit le premier la description des noix de
Kolla, dont nous aurons plus d'une fois occasion
de parler. Elles ressemblent assez à nos plus gros
marrons, et sont d'une grande amertume ; mais ce
qu'on boit immédiatement après paraît très-doux,
et l'eau acquiert un goût de vin blanc et de sucre.

Parmi les animaux sauvages il cite le lion, la
civette, le porc-épic, et l'once comme le plus féroce
de tous. Les éléphants, si redoutés par les habitants
du pays, fuient devant les Européens, « comme une
biche des bois. » Parmi les naturels, ceux qui tuent
un éléphant conservent sa queue comme un monument de leur bravoure. Les singes et les babouins
sont infiniment nombreux ; ces derniers marchent
en troupes de plusieurs milliers, sous la conduite des
plus grands, dont une partie forme l'avant-garde et
l'autre l'arrière-garde ; ainsi rangés, ils marquent
beaucoup d'audace.

On exerce principalement trois genres d'industrie dans ces contrées. De tous les artisans, le forgeron est le premier, et se sert avec une grande adresse d'outils fort simples. C'est un personnage important ; notre auteur dit qu'en général ils sont très-voleurs. Viennent ensuite les fabricants de *gris-gris*, espèce de talismans que les naturels portent avec profusion ; à ce trafic ils joignent celui de la sellerie. Enfin, les nattes forment un article considérable de commerce, et dans les marchés elles servent à désigner la valeur des autres objets.

La population se compose de Mandingues, de Portugais, de mulâtres, de Foulahs, que Jobson appelle Foulbies, et représente comme un peuple singulier, basané et tout à fait ressemblant à ces tribus qui parcourent l'Europe, et qui sont connues en France sous le nom de Bohémiens. Nomades et pasteurs, ils conduisent leurs troupeaux sur les montagnes pendant la saison des pluies, et les ramènent pendant la sécheresse sur le bord des rivières. Ils sont d'une saleté horrible, et leur stupidité est telle, qu'ils ne cherchent pas même à se débarrasser des insectes et de la vermine dont ils sont toujours couverts et dévorés.

Les Mandingues passent leur vie dans l'oisiveté, à l'exception de deux mois de l'année consacrés aux semailles et à la récolte. Les femmes, vouées à une espèce d'esclavage, préparent les repas de leurs maris, mais elles n'ont pas le privilége de manger avec eux.

Tout le commerce est dans les mains des marabouts ; il consiste principalement dans l'échange du sel qu'ils prennent à la côte, contre de l'or, des esclaves et des noix de kolla.

Quarante ans s'écoulèrent avant que les Anglais entreprissent un nouveau voyage en Afrique. En 1660 ou 1665, on ne sait au juste quelle année, un riche marchand de la Gambie nommé Vermuyden voulut tenter d'aller lui-même à la recherche de l'or. Il arma à cet effet un bâtiment, et le chargea tellement de provisions, que plus d'une fois on eut de la peine à avancer. La narration de ce voyage, écrite par Vermuyden, est singulièrement présentée : ainsi, après avoir longuement parlé des provisions qu'il emportait, il passe brusquement et sans transition à la description d'une mine considérable dont il n'indique pas la situation; non-seulement il ne détermine ni la longitude ni la latitude, mais il ne donne pas le moindre renseignement sur la hauteur à laquelle cette mine se trouve dans la rivière, ni sur sa position relativement à quelque lieu habité.

Après cette trouvaille, il continua à remonter le fleuve, mais les crocodiles et les hippopotames lui causèrent de terribles inquiétudes. Un de ces derniers animaux perça même le bateau d'un coup de défense; aussi Vermuyden eut-il l'idée de suspendre un fanal à l'arrière du bâtiment, parce que les hippopotames se tiennent toujours éloignés de la lumière qui se réfléchit dans les eaux.

Lorsqu'il eut dépassé Barraconda, l'or commença à se montrer dans le sable; par le lavage, il en obtint trente grains sur dix livres, et quarante-sept grains sur cinq livres au moyen du mercure. Il rencontra une roche escarpée, l'entama avec le pic, et allait enlever une masse de minerai qui lui semblait promettre de grandes richesses, quand il fut attaqué par une multitude de singes, contre lesquels il fallut employer les armes à feu; cette victoire lui permit d'emporter son minerai, mais sa joie ne fut pas longue : le minerai ne contenait pas une parcelle d'or. Pendant six semaines, Vermuyden remonta la rivière; enfin il se trouva devant une cataracte qui l'empêcha d'aller plus loin : il essaya de suivre les bords du fleuve, mais content d'être parvenu à un point « où nul chrétien n'était arrivé, » il rétrograda et termina son voyage, qui, comme on l'a vu, n'a produit aucun résultat.

Ce ne fut qu'en 1720 que l'ardeur des découvertes commença à se ranimer. Le duc de Chandos, alors directeur de la compagnie africaine, voyant l'état désespéré de ses affaires, conçut l'espoir de leur donner un nouvel éclat, en cherchant une route pour pénétrer dans les régions encore inexplorées de l'intérieur. La compagnie chargea en conséquence le capitaine Barthélemy Stibbs de remonter la Gambie.

Le 7 octobre 1723, Stibbs arriva à l'île James, établissement anglais situé à environ trente milles de la rivière; le 11 décembre seulement l'expédition était prête; la saison commençait à devenir défavorable, le voyageur n'hésita cependant pas à partir, emmenant avec lui dix-huit blancs, un noir chrétien qui servait d'interprète, vingt-neuf autres noirs païens, trois femmes pour faire la cuisine, enfin un musicien pour amuser et encourager toute la troupe.

Le voyage ne commença réellement que le 26 décembre; le premier incident digne d'être noté fut la rencontre d'une armée de sauterelles qui, après avoir dévoré tout ce qui couvrait la plaine aux environs, prirent leur vol vers la partie supérieure du fleuve; elles couvraient un espace de quatre milles, et volaient si pressées les unes contre les autres, que le jour en était obscurci, et qu'il était impossible d'apercevoir le ciel à travers leur masse.

Il n'arriva rien de remarquable jusqu'à Barraconda; Stibbs apprit que cette cité avait été détruite complétement, et sa population réduite en esclavage par un chef ennemi. En effet, à peine trouva-t-il, à son arrivée, quelques ruines suffisantes pour lui indiquer la place qu'avait occupée la ville.

Il fit alors ses dispositions pour franchir la cataracte de Baraconda; elle est formée par deux masses de roc, partant des deux bords opposés du fleuve, et occupant chacune le tiers environ de sa largeur, et par de gros rochers, très-rapprochés les uns des autres, interceptant la navigation dans l'espace intermédiaire. On ne trouva qu'un seul passage, et ce passage était tellement étroit, que les deux bords des canots frottaient contre le roc. L'obstacle franchi, ils trouvèrent un peuple doux et simple, qui leur fournit abondamment de la volaille et d'autres provisions; mais ils se virent arrivés dans la région des crocodiles, des hippopo-

3

tames et des babouins; et, ce qu'il y avait de plus fâcheux, ils eurent dès lors à lutter contre les basses eaux. Quinze jours après, elles étaient tellement basses, qu'on ne pouvait plus naviguer, et les sables mouvants qui formaient le lit du fleuve interdisaient tout moyen de halage. Stibbs se trouvait alors presque vis-à-vis de Tenda, et probablement à la même place où Jobson avait été forcé de s'arrêter. Il fit comme lui, et se hâta de descendre le fleuve. Cette expédition, complétement nulle, causa un découragement général, dont l'effet fut de s'opposer pendant quelque temps aux nouvelles entreprises pour explorer cette partie du continent africain.

CHAPITRE VI

Découvertes des Français.

ÉTABLISSEMENT DES FRANÇAIS AU SÉNÉGAL.

JANNEQUIN. — BRUE. — SAUGNIER.

Dès 1364, deux bâtiments de Dieppe essayèrent d'ouvrir des relations commerciales avec les peuplades qui habitent les rives du Sénégal; les résultats furent satisfaisants, et, en 1375, les Français comptaient des établissements sur plusieurs points de la côte; mais les guerres civiles qui ravagèrent la France s'opposèrent à ce qu'on donnât suite à ces brillants débuts. Lorsque Louis XIV voulut, vers la fin du xvii° siècle, disputer aux autres nations européennes la suprématie des mers, il encouragea toutes les entreprises commerciales qui pouvaient l'aider dans ce grand dessein. Plusieurs compagnies se formèrent sous sa protection pour commercer avec l'Afrique, mais toutes furent successivement dissoutes après quelques années d'existence; une seule brilla d'un certain éclat, grâce à l'activité de son habile directeur Brue. Les voyages de cet homme actif et infatigable donnèrent de nouvelles connaissances sur certains pays de l'intérieur. Mais avant de raconter ses travaux, il convient de parler du voyage de Claude Jannequin, parce que ce fut le premier Français qui essaya de visiter ces pays entièrement inconnus.

Jannequin se promenait en 1637 sur le port de Dieppe, lorsqu'il vit un navire près de mettre à la voile pour l'Afrique; poussé par un désir irrésistible de visiter ce pays, il s'engagea comme soldat, et partit avec ce vaisseau. Il prit terre sur les côtes du Sahara, près du cap Blanc; le premier aspect de cette côte désolée commença à désenchanter notre aventurier : le sol consistait en effet en un sable mouvant qui se dérobait sous les pieds, et permettait à peine de faire cinquante pas sans s'arrêter; mais, en remontant le Sénégal; Jannequin fut frappé de la riche végétation de ses bords, de la beauté majestueuse des arbres et des immenses forêts qu'il apercevait. Partout les naturels firent aux Français un accueil favorable; leur force, leur adresse et leur dextérité étaient pour Jannequin un sujet d'étonnement toujours nouveau; il cite même un fait fort remarquable : « Un chef nommé Kamalingo entreprit, dit-il, de vaincre un lion en combat singulier; armé de trois javelines et d'un poignard, il s'élança sur son cheval, et attaqua vivement le lion; après quelques minutes, il réussit à le tuer, sans éprouver d'autre accident qu'une légère blessure à la cuisse. »

Jannequin ne remonta le Sénégal que jusqu'à 70 lieues de son embouchure. A son retour en France, il publia la relation de son voyage sous le titre de *Voyage en Libye*, quoiqu'il sût combien cette dénomination est fautive; mais il prétend que, pendant deux siècles, les navigateurs ont nommé cette côte *Libye Maritime*.

Depuis ce voyageur, on ne connaît aucune découverte faite par les Français dans ces régions, jusqu'à 1697, époque où Brue fut nommé directeur de la compagnie. Cet homme habile et courageux, désireux d'améliorer la situation de la compagnie qu'il dirigeait, voulut d'abord conclure un traité de commerce avec le roi des Foulhas, appelé le Siratik, dont le territoire est situé à 400 milles au-dessus de l'embouchure du Sénégal. Il partit la même année avec plusieurs canots pour cette périlleuse expédition. A mesure qu'il avançait, il était agréablement frappé de la beauté pittoresque des rives du fleuve; la saison des pluies venait de finir, et la plus riche, la plus fraîche verdure embellissait les prairies et les forêts.

A Kabaydé, place très-commerçante, il reçut la visite d'un chef envoyé par le Siratik; ce chef arriva bien monté et suivi d'une vingtaine de cavaliers parfaitement équipés; il avait avec lui sa femme, ses filles et leurs servantes esclaves, toutes montées sur des ânes. Au rapport de Brue, les mendiants d'Europe, quelle que soit leur impudence, pourraient profiter à l'école des princes africains; leur convoitise n'a pas de bornes. Un présent offert ne devient pour eux qu'un motif de nouvelles importunités. Quand ils ont épuisé toutes les manières de demander, ils empruntent, mais avec la résolution de ne point rendre; et quand on a le malheur d'accepter un présent de l'un d'eux, c'est encore un impôt qu'ils prélèvent sur votre générosité, car ils se croient en droit d'obtenir en retour le double et le triple.

Brue poussa jusqu'à Ghiorel, où il fut reçu par Boukar Siré, un des fils du Siratik. Peu après son arrivée, il vit paraître un personnage important, le grand *Bouquenet*, vieillard à cheveux gris; il venait réclamer les présents annuels apportés par le directeur. Ils consistaient en une quantité d'étoffes d'Europe, de quincailleries, de verroteries, de colifichets destinés au roi, avec un supplément destiné au Kamalingo ou général, et pour le Bouquenet lui-même. Malgré la multitude apparente de ses présents, la compagnie n'avait pas fait de grandes dépenses, car leur valeur totale ne dépassait pas 2,000 francs.

Ces présents acceptés, Brue se mit en route pour la résidence du roi, accompagné de six facteurs, deux interprètes, quatre trompettes, plusieurs esclaves et douze nègres libres bien armés. Après avoir traversé un pays plat assez cultivé et couvert de villages, ils arrivèrent à une vaste prairie si remplie de bestiaux, qu'ils eurent de la peine à s'y frayer un passage. Au sortir de cette prairie, ils entrèrent à Buchsar, résidence de Boukar Siré, qui avait pris les devants pour rendre hommage à ses hôtes. Pour premier salut, il se mit à brandir sa zagaye comme pour la lancer, tandis que Brue, le pistolet au poing, paraissait prêt à tirer; ils s'approchèrent ensuite, mirent pied à terre et s'embrassèrent. Brue fut ensuite invité à un repas, où l'on servit les mets les plus recherchés du pays, puis après eut lieu le *folgar* ou bal, divertissement qui termine toutes les fêtes des Africains.

Le lendemain, Brue partit pour la résidence du Siratik, escorté par le Kamalingo. Il trouva le prince environné de toute la pompe que les rois nègres déploient dans les cérémonies. Le palais consistait en un assemblage de cabanes entourées d'une clôture de branches vertes entrelacées. Le Siratik était dans une d'elles, étendu sur son lit, et autour de lui se tenaient ses femmes et ses filles accroupies sur des nattes. La réception fut très-amicale, et Brue obtint tout de suite l'autorisation d'élever des forts, privilége fort important, dont les princes nègres sont très-jaloux et qu'ils n'accordent qu'avec la plus extrême défiance.

Quelques jours après, le roi, se trouvant incommodé par une espèce de mouche particulière à la contrée, résolut de passer dans un autre canton de ses États pour se dérober à ce fléau. Brue, en allant prendre congé, put observer l'ordre et la marche du cortége. L'avant-garde, composée de cent soixante cavaliers, formait avec diverses sortes de timbales et trompettes une musique extrêmement bruyante; venaient ensuite la reine et les princesses montées sur des chameaux, deux sur chacun, et renfermées dans de larges paniers d'osier, de manière à ne laisser voir que la tête. Les femmes de la suite, montées sur des ânes, marchaient à côté de leurs maîtresses. Suivait une longue file d'ânes et de chameaux portant le bagage, escortée par trois cents cavaliers, derrière lesquels paraissait le roi magnifiquement vêtu, bien armé et montant un superbe cheval. Un autre corps de cavalerie fermait la marche. Les premières lignes de ces troupes étaient composées des principaux seigneurs de la cour. Tous, en passant, saluèrent le directeur, qui leur répondit par des fanfares et des décharges de mousqueterie.

Aussitôt après le départ du roi, Brue, ayant accompli le but de son voyage, retourna à Saint-Louis, principal établissement des Français au Sénégal. L'année suivante, il entreprit un nouveau voyage; il voulait remonter le Sénégal aussi haut que possible, et cherchait à établir des relations commerciales avec l'intérieur. A Ghiorel, par où il repassa, il eut une entrevue amicale avec le Siratik, qui le reçut avec la même bienveillance que la première fois. Plus loin, Brue observa un singulier spectacle. Le soleil s'était obscurci tout à coup; lorsqu'il leva les yeux pour reconnaître la cause de ce phénomène, il vit le ciel couvert par un épais et immense nuage de sauterelles qui dirigeaient leur vol à travers la rivière. Leur passage dura deux heures; pendant ce temps, elles remplirent les barques de leurs excréments.

Tout le long de la route, Brue avait rencontré une grande quantité de singes; mais près de Tuabo, il remarqua une troupe nombreuse de ces animaux, de couleur rouge et d'une espèce qu'on n'avait pas encore observée. Les singes descendirent du sommet des arbres jusqu'aux branches les plus basses, pour mieux examiner les barques à leur passage; ils paraissaient avancer par détachements successifs; quelques-uns même devinrent si familiers, qu'ils lancèrent des branches sèches dans les canots. Mais les Français y répondirent par une décharge de mousqueterie qui en tua ou blessa plusieurs. Cet accueil inattendu causa un tumulte extraordinaire dans la troupe; les uns poussaient des cris horribles, tandis que d'autres s'armaient de pierres, de bâtons et de tout ce qui leur tombait sous la main, pour punir les étrangers qui venaient envahir ainsi leur domaine. Toutefois le combat ne fut pas long; les singes se retirèrent prudemment dans l'intérieur de leurs forêts.

Notre voyageur fit la rencontre d'un homme fort extraordinaire, qui se qualifiait lui-même de *roi des abeilles;* il vint à bord, le corps entièrement couvert de ces insectes, et suivi de plusieurs milliers sur lesquels il paraissait exercer une autorité absolue; ils le suivaient sans faire aucun mal, ni à lui, ni à ceux qu'il prenait sous sa protection.

Brue s'arrêta à Dramanet, ville commerçante habitée par de riches marchands qui trafiquent avec Tombouctou, quoiqu'ils en soient éloignés de cinq cents lieues suivant leur estime. Ce lieu parut être dans une situation favorable pour y bâtir un fort; on construisit celui de Saint-Joseph, qui fut longtemps le principal comptoir des Français dans le haut Sénégal. Brue ne tarda pas à se trouver au pied des cataractes de Felon; il n'entreprit pas de franchir cet écueil inaccessible, mais il projetait de s'avancer par terre jusqu'aux cataractes de Govinie, 40 lieues plus loin, quand la baisse des eaux de la rivière lui fit craindre de trouver de grandes difficultés pour le retour; il redescendit le Sénégal, et arriva au fort Louis.

Au delà de Galla est un autre pays dont la connaissance excitait la cupidité des Français : c'est le Bambouk, contrée où se trouvent les mines d'or les plus productives de tout l'intérieur de l'Afrique. Il était presque impossible d'y pénétrer, les naturels n'admettant les étrangers qu'avec une extrême difficulté à cause des cruautés commises autrefois par les Portugais, qu'ils avaient été forcés d'expulser par une insurrection générale. Plusieurs aventuriers avaient voulu tenter d'y arriver, mais ils avaient reculé devant les difficultés. A la fin, un nommé *Compagnon* osa franchir la redoutable barrière; au moyen des présents dont il était porteur, il gagna l'amitié des habitants du premier village. Une alarme générale se répandit dans toute la contrée : les uns voulaient que, suivant les anciennes coutumes, on le mît à mort; les autres, plus modérés, voulaient qu'on se bornât à l'expulser; mais Compagnon, par ses présents, et avec d'adroits ménagements, parvint à s'avancer de village en village, parcourut le principal district, et même se procura du *ghingan* ou de l'or, qui forme la richesse de cette contrée. Brue transmit ces renseignements à la compagnie, et lui demanda seulement 1,200 hommes pour faire la conquête de ce royaume; mais on rejeta son projet. Cependant les gouverneurs qui succédèrent à Brue fixèrent leur attention sur ce sujet : Levens en 1730 et David en 1744 visitèrent aussi Bambouk, mais n'essayèrent pas d'y former des établissements. Ce fut d'après les récits de ces voyageurs que Golberry traça du Bambouk la description la plus complète qu'on ait encore, car personne depuis n'y a pénétré.

Le territoire du Bambouk consiste en montagnes hautes, arides et pelées; la stérilité y est effrayante, et la seule richesse du pays est l'or, qui se trouve en abondance, surtout dans les régions les plus désolées. On le rencontre, non en filons comme dans d'autres pays aurifères, mais en grains et même en morceaux. Dans la mine de Natakon, l'or est mêlé avec la terre, d'où on l'extrait au moyen de lavages successifs. Dans celle de Semayla, au contraire, l'or est mêlé avec des substances plus dures, qu'on est obligé de réduire en poudre : opération longue et difficile, car les mortiers qu'on emploie, étant en bois, sont bientôt usés. Aussi cette mine, quoique plus riche que la première, est-elle moins estimée. Les Farims, qui sont les chefs absolus, ne permettent l'exploitation des mines que dans certaines saisons, et ils surveillent toutes les opérations, afin de s'assurer la meilleure partie des produits. Deux hommes ou deux femmes, car les femmes sont souvent employées à ces travaux, descendent dans les puits, et remontent chargés de la terre qui contient l'or. Les naturels croient que ce métal est un être animé et capricieux qui se plaît à éluder leurs recherches, et quand ils n'en trouvent pas, ils disent : *Il est parti.* Ces puits ont un diamètre de six pieds et une profondeur de quarante à cinquante. Les travailleurs sont souvent arrêtés par des bancs de marbre rouge, qu'ils ne peuvent traverser; et comme ils ne connaissent pas le moyen de contenir les terres, ils sont exposés à des éboulements qui coûtent la vie aux infortunés mineurs. Ces malheurs ne troublent pas la tranquillité des survivants, convaincus qu'ils sont que le diable, dont la puissance fournit l'or répandu à la surface de leur sol, emploie ce moyen pour se procurer les ouvriers nécessaires à ses propres travaux souterrains, et traite bien ceux dont il s'empare ainsi. Lors même qu'ils retrouvent les squelettes ensevelis sous les décombres, ils supposent que le diable les a rejetés comme incapables de le servir.

En 1785, Saugnier visita Galla; il affirme que le commerce, bien que productif, ne pourrait jamais compenser les désavantages et les périls de la route. L'or, l'ivoire et même les esclaves s'y trouvent en grande quantité; les naturels, appelés Saracolets (Sarawoulies de Park), sont intelligents et actifs; mais le voyage présente tant de difficultés, la navigation est si périlleuse et les sauvages si voleurs, qu'on ne peut se hasarder sans danger dans cette contrée. Saugnier lui-même manqua de devenir victime de la fourberie d'un chef maure, qui forma le projet de le surprendre et de s'emparer de son bâtiment; il eut l'imprudence de parler de ce plan devant ce voyageur, croyant qu'il n'entendait pas l'arabe; Saugnier eut le temps de retourner à bord, mit aux fers tous les Arabes qui s'y trouvaient, et s'éloigna. Le prince fut obligé de payer une rançon pour délivrer les captifs, au nombre desquels était son propre frère.

La prospérité des établissements français au Sénégal prit sa source dans le commerce de la gomme, dont Golberry a donné une description animée. Le principal marché est sur la rive septentrionale du Sénégal, dont les bords sont couverts du mimosa qui produit la gomme. Ce mimosa est tortu et rabougri, et ressemble plutôt à un arbrisseau qu'à un arbre. Il n'est point nécessaire d'y pratiquer des incisions, la seule force de la végétation suffit pour que la gomme transsude; les go[uttes] qu'elle forme sont adhérentes à la branche, et leur transparence égale celle du cristal de roche. Les tribus maures qui habitent au delà des forêts s'y rendent vers le mois de décembre pour faire la récolte, les riches montés sur des chameaux ou des chevaux, les pauvres à pied. On y emploie six semaines, après lesquelles la troupe entière conduit les marchandises sur les bords du Sénégal, où les Français les attendent. La scène de ce marché est une immense plaine de sable mouvant, dont la désolante monotonie n'est pas interrompue par le plus petit brin d'herbe; la plaine est alors couverte d'une multitude innombrable d'hommes, de femmes et d'animaux. Les chefs sont montés sur de magnifiques chevaux, les femmes sur des chameaux richement harnachés; elles sont dans des espèces de paniers recouverts d'une tente. L'arrivée de la foule est précédée par un murmure qui va croissant; dès qu'elle est réunie, un coup de canon annonce que les échanges vont commencer. De tous les côtés on s'agite pour vendre cher et acheter bon marché; il n'y a pas d'artifices que les Maures n'emploient pour obtenir de leurs marchandises ce qu'ils en désirent, et les marchands, de leur côté, ne se font aucun scrupule de les tromper quand ils le peuvent.

CHAPITRE VII

LEDYARD. — LUCAS. — HOUGHTON. — WATT
ET WINTERBOTTOM.

Les extraits que nous venons de donner sur les premières découvertes des Français et des Anglais prouvent que ces tentatives n'ont eu que de faibles résultats. Tandis que les autres parties du globe étaient explorées avec soin, surtout par les Anglais, dont les travaux avaient beaucoup augmenté les connaissances géographiques, les cartes de l'Afrique étaient restées presque entièrement en blanc, sauf le littoral. Ce fut pour combler cette lacune que l'association africaine se fonda à Londres en 1788; son but était de stimuler le zèle des hommes courageux qui se dévoueraient aux recherches périlleuses nécessaires pour arriver enfin à des notions certaines sur l'intérieur de l'Afrique; nous verrons tout ce que cette association a fait pour remplir la mission qu'elle s'était donnée. La souscription annoncée fut bientôt remplie; les hommes les plus éminents par le rang, la fortune et l'ardeur scientifique, se hâtèrent d'y prendre part; le comité fut élu au scrutin, et composé de lord Rawdon, depuis marquis de Hastings, sir J. Banks, l'évêque de Landaff, M. Beaufoy et M. Stuart. Ce comité eut l'administration des fonds et le choix des personnes à employer aux découvertes.

Le premier choix du comité tomba sur Ledyard, Américain de naissance, que son goût pour les voyages avait conduit d'une extrémité du monde à l'autre: après avoir fait le tour du globe avec Cook en qualité de caporal de marine, il avait parcouru une partie des déserts de l'Amérique occupés par les Indiens; il voulut ensuite se rendre seul à pied au Kamtchatka, en traversant le golfe de Bothnie sur la glace; mais, forcé de rétrograder et entravé dans son voyage par la cour de Russie, il revint à Londres, où il se présenta à J. Banks. Le comité lui donna ses instructions: il devait traverser l'Afrique de l'est à l'ouest par la latitude présumée du Niger. Arrivé au Caire le 19 août 1788, Ledyard se préparait à sa périlleuse entreprise, quand il mourut d'une fièvre bilieuse.

Dans cet intervalle, la société avait déjà choisi un autre agent : c'était Lucas, vice-consul d'Angleterre à Maroc. Pendant six ans, il avait acquis une connaissance parfaite de l'arabe et de plusieurs dialectes de l'Afrique, et on l'avait nommé l'interprète de la cour pour les langues orientales. L'association lui donna pour instruction de partir de Tripoli, de traverser le désert de Sahara et de tâcher d'arriver au Fezzan, en se joignant à une caravane de marchands qui fréquentent cette province. En effet, grâce aux liaisons qu'il forma avec le chef de cette caravane, il partit avec elle, et parvint jusqu'à Mesurate; mais les Arabes ayant refusé des guides et des chameaux, Lucas fut obligé de revenir à Tripoli, sans pouvoir de nouveau pénétrer dans l'intérieur. Un marchand qui avait fait de nombreux voyages lui donna cependant des renseignements précieux sur plusieurs de ces contrées. Ces renseignements, joints à ceux que la société s'était procurés d'un Maure nommé Ben Ali, marchand d'esclaves, permirent à Beaufroy de donner ses Vues sur l'Afrique centrale, ouvrage très-imparfait sans doute, mais cependant bien supérieur à ceux qui avaient paru jusqu'alors.

Une autre entreprise fut confiée par la société à un nouvel agent, parti d'un point différent. Le major Houghton, autrefois consul à Maroc, et alors commandant militaire à Gorée, fut chargé de reconnaître le Niger par la route de la Gambie, non pas en remontant ce fleuve comme Jobson et Stibbs, mais en suivant la voie de terre. Il commença son voyage en 1791, et arriva bientôt à Médina, capitale du Woulli. Le chef de la contrée le reçut avec une grande bienveillance, lui promit des guides, et l'assura qu'avec un sauf-conduit de sa main il pourrait atteindre Tombouctou.

Quittant alors les bords de la Gambie, le major traversa le Bambouk, et parvint à Ferbana, sa capitale. Le roi le traita parfaitement, lui donna des guides et de l'argent pour défrayer sa dépense; sa dernière lettre, datée de Sombing, est écrite au crayon; elle contient ce peu de mots : « Le major

Houghton présente ses compliments au docteur Landley; il est en bonne santé et en route pour Tombouctou, après avoir été volé de toutes ses marchandises par Fenda, fils de Bucar. » Depuis on n'a eu de lui aucune nouvelle : Mongo-Park a seul fait connaître quelques détails sur sa fin malheureuse. Il paraît que des marchands maures avaient proposé au major de le conduire à Tichit, lieu du désert remarquable par ses salines. Avaient-ils l'intention de le voler, ou le major lui-même se trompait-il sur la vraie route qui devait le conduire à Tombouctou, c'est ce qu'on ignore. Quoi qu'il en soit, après quelques jours de route, le major, s'apercevant qu'il se trompait, voulut rétrograder; mais les Maures s'y opposèrent, lui enlevèrent tout ce qu'il possédait, et l'abandonnèrent seul et sans vivres au milieu de la solitude du désert. Épuisé de fatigue, mourant de faim et de soif, le major se traîna jusqu'à Jenné, lieu d'où il était parti; il expira victime de la barbarie des habitants, qui lui refusèrent des secours. Son corps fut déposé sous un arbre qu'on montra à Mongo-Park.

Pendant que la société tentait ses premiers essais, le gouvernement dirigeait sur un autre point une expédition de découvertes; il est probable qu'elle avait pour objet d'atteindre le Niger et de le descendre ensuite. Watt et Winterbottom furent chargés de cette mission. Ils s'embarquèrent au commencement de 1794, et remontèrent le Rio-Nunez jusqu'à Kakondi, où ils se procurèrent des guides et des interprètes. Partis de cette ville, ils voyagèrent pendant seize jours à travers un pays stérile en certains endroits, mais en d'autres singulièrement fertile et remarquable par l'abondance du bétail. Ils trouvèrent un mouvement de commerce très-considérable entre les cantons inférieurs et les cantons supérieurs de la rivière, et rencontrèrent souvent en un jour cinq cents Foulahs, portant sur leurs dos de fortes charges de riz et d'ivoire, pour les échanger contre du sel, qui, dans les contrées de l'intérieur, est, de tous les objets de luxe, le plus précieux, autant par sa rareté que par l'extrême besoin que leur en fait éprouver l'usage constant de nourriture végétale. Pour désigner un homme riche, on dit : *Il mange du sel avec ses aliments.*

Les voyageurs arrivèrent à Laby, ville de deux milles et demi de tour, et peuplée d'environ cinq mille âmes; ils reçurent le meilleur accueil du chef soumis au roi des Foulahs; puis s'avançant dans l'intérieur, ils parvinrent jusqu'à Timbou, capitale du *Fouta-Diallon* (Fouta-Jallo, Fouta-Djalo, Fouta-Ghialo). Ils y séjournèrent quatorze jours, et s'entretinrent souvent avec le roi et plusieurs des chefs, par l'entremise de leur interprète.

De Timbou, Watt et Winterbottom revinrent par une autre route, suivis d'une nombreuse escorte donnée par le roi. Lorsqu'ils arrivèrent à la frontière du pays des *Soussous*, les habitants craignirent d'abord que les Foulahs n'eussent saisi ce prétexte pour les attaquer à l'improviste; mais une conférence des chefs dissipa bientôt tous les soupçons; il fut convenu que le passage à travers le pays serait constamment ouvert, et que les communications resteraient libres entre Timbou et Sierra-Léone. Les maisons de

Sayon, l'une des villes traversées par les voyageurs, leur parurent encore mieux bâtie que celle de Timbou. Ils revinrent à Sierra-Léone, accompagnés de plusieurs personnages considérables venus comme ambassadeurs des Foulahs et d'autres tribus, et qui, après avoir conclu quelques arrangements relatifs au commerce, s'en retournèrent très-satisfaits de leur réception.

CHAPITRE VIII

MUNGO-PARK.

Premier voyage. — (1795 — 1797.)

Aussitôt que l'association africaine eut connaissance du sort de l'infortuné Houghton, elle accepta les offres de Mungo-Park, Écossais de naissance, qui, après avoir étudié la médecine, était allé aux Indes, d'où il était récemment revenu. Le comité s'étant assuré que Park possédait toutes les qualités requises, l'agréa avec plaisir, sans cependant prévoir que son courage et sa persévérance l'élèveraient au premier rang des voyageurs.

Il partit de Portsmouth le 12 mai 1795, et le 21 juin il était à Jillifrey sur la Gambie ; en peu de temps il arriva à Pisania, dans le royaume fertile de Yani, où l'hospitalité du docteur Landley le retint cinq mois ; quoiqu'il fût attaqué de la fièvre, il employa son temps à apprendre la langue mandingue et à recueillir de minutieuses informations sur le commerce des contrées de l'intérieur.

Le 26 décembre, Mungo-Park quitta cette résidence, accompagné d'un petit nombre de domestiques nègres. A Medina, le chef qui avait accueilli le major Houghton le reçut avec la même cordialité ; ce brave homme fit tous ses efforts pour le détourner d'un voyage qui avait été si funeste à son prédécesseur. Mungo-Park n'en fut nullement découragé ; il se prépara immédiatement à traverser une grande forêt qui sépare le Woulli du Bondou. La petite troupe arriva bientôt auprès d'un grand arbre chargé d'une multitude de morceaux d'étoffes, que la superstition des voyageurs attache aux branches dans l'espoir d'obtenir un heureux voyage. Park imita l'exemple de ces gens, et suspendit son offrande. Deux jours lui suffirent pour atteindre les bords du Falémé, qui arrose les belles plaines du Bondou, et le 21 il arriva à Fattéconda, capitale du royaume ; il visita le roi Almani, le même qui avait pillé Houghton. Park, désireux de conserver un bel habit bleu tout neuf, crut prudent de s'en revêtir, espérant que les présents qu'il ferait au roi détourneraient son attention de ce vêtement. Ces présents frappèrent en effet Almani ; mais au moment où Park se retirait, Sa Majesté le pria de rester encore, et lui donna un échantillon d'éloquence africaine qui ne plut guère au voyageur : il commença par vanter avec enthousiasme les blancs, leurs richesses, leur libéralité, et passant adroitement à Park en particulier, il amena l'éloge de son habit bleu et de ses boutons jaunes, et termina sa harangue par la demande de ce superbe vêtement, promettant de le porter dans les grandes occasions, et de proclamer partout le nom et la générosité du donateur.

Park, craignant avec raison que s'il n'accédait à cette demande, le roi ne s'emparât de force de l'objet de sa convoitise, s'exécuta de bonne grâce, et remit le vêtement aux pieds d'Almani, qui, satisfait, ne poussa pas plus loin sa cupidité. Il voulut montrer Park à ses femmes comme un objet de curiosité. Elles regardèrent attentivement l'étranger, et le trouvèrent à leur gré, moins deux choses dont elles se moquèrent, la blancheur de sa peau et la longueur de son nez; elles prétendirent que sa blancheur venait de ce qu'étant enfant on l'avait plongé dans des bains de lait, et que sa mère lui avait allongé le nez en le tirant constamment. Park répondit à ces plaisanteries par de pompeux éloges sur la brillante noirceur de leur peau, l'agréable dépression de leur nez et la gracieuse épaisseur de leurs lèvres; mais elles répliquèrent avec modestie qu'une *bouche de miel* n'était pas estimée au Bondou.

Ce royaume est séparé de celui de Kajaaga par une forêt que nos voyageurs traversèrent au clair de la lune; le silence profond n'était interrompu que par les hurlements des loups et des hyènes, qui, semblables à des ombres, passaient dans les taillis. Dès que Park fut arrivé à Joag, capitale du Kajaaga, il fut entouré par les hommes de la suite du roi; ils lui déclarèrent qu'étant entrés sans payer les droits, ses gens, ses bestiaux et ses bagages étaient confisqués. Park réussit à détruire l'effet de cette terrible sentence, en abandonnant aux envoyés la moitié de tout ce qu'il avait.

Park reçut la visite d'un neveu du roi de Kasson, qui s'offrit de le guider dans cette contrée. Il accepta ses offres; mais dès qu'il fut arrivé, il vit que sa position ne s'était pas améliorée, car il fut obligé de donner à son guide la majeure partie de ce qui lui restait. Ces présents lui valurent une amicale réception de la part du roi; mais quand il eut fait connaître son projet d'aller à Tombouctou en traversant le Bambara, le souverain lui dit qu'il serait infailliblement massacré. Il ne restait donc à Park d'autre route que celle de Ludamar, où le major Houghton avait autrefois perdu la vie; il fut obligé de la prendre malgré les difficultés qu'elle présentait.

Ce fut dans ce trajet que Park vit pour la première fois les nègres occupés à recueillir des *tomberongs*, ou fruits du *rhamnus lotus*, arbrisseau très-commun dans ces contrées et dont les baies petites, jaunes, farineuses, sont d'un goût exquis. Après la récolte, les nègres les font sécher au soleil, les pilent dans un mortier, les pétrissent ensuite avec de l'eau, et en composent une pâte qui, pour la couleur et le goût, ressemble au meilleur pain d'épice. Cette plante paraît être évidemment celle dont se nourrissaient les Libyens lothophages d'Hérodote et de Pline.

Parvenu à Jarra, bourg assez considérable, habité par des nègres, mais sous l'entière dépendance des Maures, Park envoya à Binaoum un messager pour négocier avec Ali, principal chef des Maures, et obtenir par des présents le passage à travers son territoire. Après plusieurs jours d'anxiété, il reçut un sauf-conduit pour Goumba sur les frontières du Bambara, ce qui ne l'empêcha pas d'être insulté à Dina, et même d'y être rançonné. A Sami, un parti de cavaliers maures s'empara de lui pour le conduire devant Fatima, épouse favorite d'Ali, qui désirait voir le chrétien. Le 12 mars, ils arrivèrent à Banaoum, capitale de l'État; cette ville est un assemblage d'un grand nombre de tentes irrégulièrement dispersées sur un vaste terrain, et séparées par des parcs de chameaux, de chevaux et de chèvres. Le voyageur fut constamment entouré par une foule attirée, partie par la curiosité, partie par la haine que ces peuples ont contre tous les chrétiens. Ils déboutonnaient ses habits pour voir la couleur de sa peau, comptant les phalanges de ses doigts et de ses orteils, pour s'assurer s'il était d'une nature semblable à la leur. Après l'avoir laissé longtemps exposé aux rayons du soleil, on le logea dans un toit à pourceaux, en lui donnant pour compagnon un cochon sauvage que les enfants harcelaient sans cesse pour exciter sa fureur. Des bandes nombreuses d'hommes et de femmes se succédaient pour voir l'homme blanc, et il fallait qu'il se déshabillât constamment pour satisfaire leur curiosité. Lorsqu'il put jouir d'un peu de liberté, ses tourments ne cessèrent point; plus d'une fois des troupes de cavaliers le poursuivirent, galopant autour de lui comme pour relancer une bête fauve, et le forçant à entrer dans les bois pour leur échapper.

Un des fils d'Ali lui présenta un jour un fusil double, lui ordonnant de réparer une batterie et de teindre la monture en bleu; Park ne parvint qu'avec peine à lui persuader qu'un blanc pouvait ignorer cet art. Il fut solennellement installé en qualité de barbier du prince; mais il s'acquitta si mal de sa charge en rasant la tête d'un des enfants, qu'il fut destitué de son emploi. Le chef, pour éviter les vols de ses sujets, avait fait déposer dans sa tente les objets qui appartenaient à Park; il les examina attentivement, et fut frappé de l'aiguille de la boussole, qui se dirigeait vers le grand désert. Park, sentant l'inutilité d'une explication scientifique, lui dit que le fer lui montrait sa mère, qui demeurait bien loin au delà du désert. Ali, saisi d'une crainte superstitieuse pour le merveilleux instrument, ne s'en inquiéta plus.

Mais les insultes étaient peu de chose comparativement aux tourments que la faim faisait éprouver au malheureux Park; il recevait, il est vrai, chaque jour à midi une portion de kouskous, mais elle était si faible qu'elle ne pouvait lui suffire. On l'engagea bien à tuer son compagnon le cochon et à le manger; mais connaissant la superstition des musulmans, qui regardent la chair de cet animal comme impure, il refusa, craignant avec raison d'être mis à mort s'il commettait une semblable profanation. Comme on se trouvait au milieu de la saison sèche, l'eau était très-rare, et l'on en donnait si peu à l'infidèle, qu'il eut cruellement à souffrir de la soif. Un Maure ayant une fois laissé auprès d'un puits le vase avec lequel il tirait de l'eau pour ses bestiaux, Park y posa ses lèvres; le Maure, furieux de ce qu'il regardait comme une profanation, vida toute l'eau dans l'auge où le bétail allait boire. Park fut enchanté de cette circonstance, et put enfin se désaltérer à son aise.

Malgré sa pénible position, Park réussit à se procurer d'utiles renseignements sur sa route future; ceux qui le tourmentaient avec le plus d'acharnement servaient encore ses projets en lui apprenant l'écriture arabe, dont ils traçaient les caractères sur le sable. Des marchands venus à Binaoum, qui avaient visité le Maroc, Wallet et Tombouctou, lui racontèrent tout ce qu'ils savaient sur ces dernières villes. L'un d'eux lui ayant demandé s'il avait l'intention de voyager dans cette direction, il fit une réponse affirmative; le Maure lui conseilla alors de renoncer à ce projet, et lui déclara que, dans cette contrée, on regardait les chrétiens comme des enfants du diable et les ennemis du prophète, et qu'il serait inévitablement victime de son imprudence.

Fatima, l'épouse d'Ali, qui était la cause de la captivité de Park, n'arrivait pas, et les Maures étaient exaspérés de voir le chrétien au milieu d'eux; les uns voulaient qu'on lui coupât la main droite; le frère du roi proposa de lui arracher les

4

yeux, qui, disait-il, ressemblaient à ceux d'un chat ; mais Ali fit suspendre cette cruelle détermination. Park prit alors la ferme résolution d'échapper à ses bourreaux ; la crainte seule de périr de soif au milieu du désert, où l'on ne trouve pas d'eau, lui fit ajourner l'exécution de son projet jusqu'à la saison pluvieuse, époque à laquelle les chances devaient lui être plus favorables.

Le 30 avril, Ali leva son camp, et gagna Boubakir, où était Fatima. Park fut enfin présenté à cette favorite : son unique beauté consistait en son énorme grosseur, qui lui avait valu la préférence dont son royal époux l'avait honorée. Elle parut d'abord effrayée à la vue du monstre chrétien, mais cette première impression s'effaça bientôt ; elle fit à Park une quantité de questions sur les coutumes de son pays ; par son intercession, elle fit cesser les mauvais traitements dont le voyageur était victime ; chaque jour elle lui envoyait des vivres, et elle obtint d'Ali qu'il le conduisît avec lui à Jarra.

A Jarra, Park se trouva au milieu de scènes d'un autre genre. Ali venait faire la guerre à Daisy, ancien ami de notre voyageur, auprès duquel Park croyait être en sûreté ; mais l'armée d'Ali ayant été mise en déroute, il craignit d'être pris pour un Maure, et d'être massacré comme tel ; il monta sur son cheval, mit un sac de blé derrière lui, et, se joignant aux fuyards, il courut jusqu'à Quiera.

Le premier esclave d'Ali l'y rejoignit bientôt avec quatre autres Maures, et ils voulurent le reconduire à Boubakir; comme on ne pensait pas qu'il pût tenter de s'échapper avec son cheval fatigué, les Maures négligèrent de s'en emparer. Park alors résolut de mettre cette circonstance à profit; il fit un paquet du peu qu'il avait de hardes, et dès que les Maures furent endormis, il passa doucement par-dessus, monta à cheval, et partit. A peine avait-il fait quelques milles, qu'il se vit poursuivi par trois Maures qui s'emparèrent de lui; mais ils se bornèrent à prendre son manteau et le laissèrent libre.

Il se dirigea dans le désert au moyen de sa boussole; la chaleur réfléchie par le sable croissait à tout moment; les sommets des montagnes, enveloppés d'une vapeur embrasée, semblaient se balancer comme les flots de la mer. Bientôt Park éprouva une soif ardente, et son cheval, excédé de fatigue, refusa d'avancer. Croyant la mort inévitable, il allait débrider son cheval lorsque, saisi d'un étourdissement, il tomba sur le sable dans un état d'insensibilité complète.

En reprenant connaissance, Park vit que le soleil était couché, et il fit un effort pour continuer sa route. Peu de temps après, quelques éclairs, sillonnant l'horizon, annoncèrent la pluie; le vent ne tarda pas à siffler dans le feuillage, mais quand Park ouvrait la bouche dans l'espoir de recueillir les gouttes qui devaient tomber, il n'avalait que du sable. Après un certain temps, la pluie si désirée commença; Park se hâta d'étendre ses vêtements, et parvint, en les suçant, à éteindre sa soif; et se dirigeant avec sa boussole, que la lueur des éclairs lui permettait de consulter, il atteignit un abreuvoir voisin d'un campement maure. Il évita leurs tentes et découvrit quelques mares bourbeuses, guidé par ce qu'il appelle *la céleste musique* des grenouilles qui en couvraient la surface. Enfin il atteignit Wawra (Ouaoura), et se regardant comme à l'abri de la poursuite des Maures, il se reposa quelques jours dans ce village, où il fut bien reçu; puis il s'avança vers Sego, capitale du pays. Il joignit dans ce trajet la grande route de presque toute la Nigritie, et partout sur son passage il vit des traces désastreuses de la dernière guerre. Sur cette route, il rencontra un *coffle*, ou une caravane de soixante-dix esclaves attachés les uns aux autres avec des courroies de peau de bœuf; ils étaient sept à chaque courroie. Comme Park était nu-pieds et dans le plus triste état de maigreur, il excitait la gaieté des naturels, qui lui demandaient, en manière de plaisanterie, s'il revenait de la Mecque, et lui faisaient des propositions ironiques pour acheter son cheval. Les esclaves eux-mêmes étaient honteux d'être vus dans sa compagnie.

La multitude des gens qui couvraient la route indiquèrent à Park qu'il approchait de Sego, et que le principal objet de ses recherches allait enfin se montrer à ses yeux. Enfin le 21 juillet, au moment où il traversait un espace marécageux avec une troupe de voyageurs, un d'eux lui cria : Regardez au delà de cette eau. « Je vis, dit Park, avec une joie infinie le grand objet de ma mission : le majestueux Niger brillant aux rayons du soleil levant, et coulant lentement vers l'est. Je me hâtai de gagner le bord, je goûtai l'eau, et j'adressai de ferventes actions de grâces à l'auteur de toutes choses, qui avait couronné mes efforts par le succès. »

Park entra à Sego, capitale de l'empire de Bambara. Elle est composée de quatre villes séparées, situées deux sur chaque rive du fleuve et entourées de murs élevés construits en boue. Les maisons, bâties seulement en argile, sont proprement blanchies; les rues sont commodes; et dans chaque quartier il y a une mosquée. Sego paraît renfermer environ 20,000 habitants; les nombreux canots qui sont attachés au rivage, la population qui s'agite dans les rues, et l'état de culture des terres environnantes, offrent un spectacle de civilisation et de richesse qu'on s'attend peu à rencontrer au centre de l'Afrique. Le voyageur chercha à traverser le fleuve pour aller à Sego-Koro, quartier où est située la résidence royale; mais la foule des passagers était tellement grande, qu'il attendit inutilement pendant deux heures.

Sur ces entrefaites, le roi, ayant appris que sur l'autre rive se trouvait un homme blanc dans un triste équipage, qui voulait lui parler, envoya un officier avec l'ordre exprès d'empêcher l'étranger d'approcher de sa royale personne sans son autorisation; cet officier devait désigner à Park un village où il passerait la nuit. Le voyageur, tout déconcerté, gagna le village; mais, comme on n'avait donné aucun ordre pour le recevoir, il trouva toutes les portes fermées; débridant son cheval, il le laissa paître, et lui-même cherchait déjà un arbre sur lequel il pût passer la nuit à l'abri des bêtes fauves, quand il se présenta une circonstance qui lui montra le caractère des noirs sous un aspect favorable. Une vieille femme, qui venait de travailler aux champs, le rencontra, et, le regardant avec compassion, lui demanda s'il voulait la suivre, et, sur sa réponse, le conduisit dans sa hutte, lui donna un beau poisson grillé, et étendit par terre une natte pour lui servir de lit. Ses filles, qui avaient été frappées d'étonnement en voyant l'homme blanc, recommencèrent leurs travaux; lorsqu'il sembla endormi, elles s'excitèrent au travail en chantant une chanson à refrain, qui était bien réellement improvisée, car il en était le sujet. Elles chantaient dans leur touchante simplicité : « Le vent soufflait, la pluie tombait, le pauvre homme blanc, faible et fatigué, est venu s'asseoir sous notre arbre; il n'a point de mère pour lui apporter du lait, ni de femme pour lui moudre son grain; » et le chœur répétait : « Ayons pitié du pauvre homme blanc; il n'a point de mère pour lui apporter du lait, ni de femme pour lui moudre son grain. » Le voyageur touché ne voulut pas partir le lendemain sans laisser à sa bonne hôtesse une marque de sa reconnaissance, et n'ayant aucun cadeau à lui faire, il détacha les trois ou quatre boutons de cuivre qui retenaient encore son habit, et les lui donna à sa grande joie.

Park resta deux jours entiers dans ce village, où il apprit qu'il était le sujet des délibérations de la cour; les Maures et les marchands d'esclaves avaient présenté au roi ses projets et son caractère sous l'aspect le plus défavorable; enfin un messager arriva; il dit que le roi ne le laisserait partir que lorsqu'il aurait reçu un présent digne de lui. Park lui répondit qu'il n'avait absolument rien, les Maures l'ayant totalement dépouillé. Le lendemain, un nouveau messager lui apporta l'ordre de quitter à l'instant le village; mais le roi, au lieu d'exiger un présent, lui envoyait 2,000 cawries pour subvenir à ses dépenses pendant la route. Quoique la valeur de ce don ne s'élevât pas à cinquante francs, le bas prix des provisions le rendait inappréciable pour Park, qui avait assez pour se nourrir pendant cinquante jours.

Deux jours après il arriva à Sansanding, grande ville de 10,000 habitants; il fut conduit aussitôt devant le douty ou gouverneur; il trouva une troupe de mahométans fanatiques qui soutenaient que, loin d'être un Maure, c'était un chrétien, méritant un prompt châtiment. Le douty proposa de le mener à la mosquée pour qu'il y fît ses prières, et qu'on pût par là s'assurer s'il était vraiment musulman. Mais ceux qui étaient grimpés sur le mur entourant la cour où il devait passer la nuit, insistèrent pour qu'il fît devant eux ses prières du soir et pour qu'il mangeât des œufs. Park refusa la première demande, mais en déclarant qu'il remplirait la seconde. On apporta des œufs crus, car les naturels pensaient que les Européens ne les mangent qu'ainsi. Sa répugnance pour ce mets détruisit aussitôt les soupçons élevés contre lui : son hôte fit tuer un mouton, et lui donna un bon souper.

La route que Park suivit en sortant de Sansanding traversait des bois remplis de bêtes sauvages de toutes sortes; tout à coup le guide fit tourner bride à son cheval en s'écriant : *Wara billi billi !* un énorme lion ! Le cheval que montait Park était hors d'état de l'éloigner du danger ; mais, comme le cavalier ne voyait rien, il crut que le guide s'était trompé, quand il l'entendit s'écrier de nouveau : Grand Dieu, sauvez-moi ! Alors il aperçut un énorme lion rouge qui était couché par terre, la tête entre ses pattes. Park, tenant les yeux fixés sur les siens, comme fasciné par l'animal, restait immobile, s'attendant à chaque seconde à être dévoré ; mais le lion, soit qu'il ne fût pas poussé par la faim, soit qu'il éprouvât quelque crainte mystérieuse, ne bougea pas, et permit au voyageur de passer outre sans l'attaquer. Une autre cause minime en apparence le rendit très-malheureux : il fut assailli par des essaims innombrables de mosquites, qui, s'attachant à sa peau mal défendue par des vêtements en lambeaux, lui causaient des piqûres insupportables.

Un dernier malheur lui arriva : son cheval, ce fidèle compagnon de son voyage, était exténué de fatigue ; un accident l'ayant fait tomber, il ne put se relever, quelque moyen qu'employât son maître. Il fallut l'abandonner ; Park mit un peu d'herbe devant lui, et le quitta les larmes aux yeux. Le sort de ce pauvre animal ne lui était-il pas en quelque sorte réservé ?

Il loua un canot dans lequel il remonta le fleuve jusqu'à Silla, autre grande ville, où il fut reçu d'une manière tout à fait inhospitalière. Ce fut alors qu'il fit de sérieuses réflexions sur la suite de son voyage ; à demi nu, abattu par la fatigue et la détresse, à l'approche de la saison pluvieuse, Park examina de sang-froid les chances qui lui restaient.

Sa position l'inquiétait peu, son caractère de fer suffisait pour vaincre ces obstacles; mais c'était peu de chose comparé avec l'état du pays où il allait entrer, et où le fanatisme musulman, régnant dans toute sa force, ne lui laissait que peu de chances de salut. Ce qu'il avait fait était assez important pour que le monde savant en eût connaissance; en s'aventurant vers Tombouctou, il courait risque de perdre avec lui toutes les traces de son important voyage. Dès lors sa résolution fut prise, et il s'apprêta à rétrograder vers l'ouest. A Modibou, il eut le bonheur de retrouver son cheval, qui lui fut très-utile pour traverser les marécages et les petits ruisseaux débordés dont la route était couverte. Il connut bientôt que les dangers qui l'environnaient étaient plus grands qu'il ne l'avait pensé. Le roi de Bambara, poussé par les Maures ses conseillers, s'était repenti des marques d'amitié qu'il lui avait données, et avait envoyé des émissaires pour s'emparer du voyageur et le conduire à Sego. Il eut le bonheur de leur échapper. A Sansanding, son ami Counti Mamadi le visita, et l'avertit de quitter la ville dès le lendemain, sans s'arrêter dans le voisinage, car il courait de grands dangers; ce qui lui fut confirmé dans un village peu éloigné où on lui conseilla de se hâter de partir, s'il voulait sortir sain et sauf du Bambara. Park quitta aussitôt la grande route; et prenant à travers les champs et les marécages, il espéra passer le Niger à la nage et gagner la Côte-d'Or; mais au-

4*

paravant il voulut suivre les bords du fleuve pour en connaitre le cours. Il n'avait pour se nourrir que ce que la charité lui donnait, et dans plus d'une occasion il fut obligé de se contenter de blé cru. Il éprouva les plus grandes difficultés à traverser les marais et les terres inondées, et souvent il mit pied à terre pour tirer son cheval par la bride. Un jour qu'il était déjà déshabillé afin de passer à la nage une rivière, un bon nègre lui cria qu'il périrait infailliblement. Quand Park fut sorti de l'eau et que le nègre eut vu la blancheur de sa peau, il dit, frappé d'étonnement : Seigneur, ayez pitié de moi! Il lui continua cependant ses témoignages d'amitié, et conduisit Park à Taffara, d'où il partit pour Souha. Dans le trajet, il eut occasion de faire un bon repas à peu de frais. Un musulman converti lui ayant présenté une planchette, lui demanda d'écrire dessus un *Saphie;* Park écrivit l'Oraison dominicale. A peine eut-il fini que l'hôte s'empara précipitamment de la planchette, et se hâta de l'essuyer avec sa langue. En considération du grand service que lui avait rendu notre voyageur, il lui donna un bon souper, et le lendemain matin un copieux déjeuner de millet.

Parvenu à Bammakou, Park voulut traverser le Niger, mais on lui dit que le fleuve ne serait pas guéable de quelques mois, et qu'il était impossible de lui procurer un canot assez grand pour le contenir lui et son cheval. Il se décida alors à gagner Sibidoulon, où il ne pouvait parvenir que par un chemin extrêmement pénible, où il s'égara plus d'une fois. Un jour, en traversant une rivière, il rencontra un berger qui venait d'être volé par une troupe de bandits; bientôt après, il aperçut un homme caché dans les branches d'un arbre, et un peu plus loin cinq ou six autres armés de fusils. La fuite était impossible; Park résolut de faire face au danger; il feignit de prendre ces hommes pour des chasseurs d'éléphants, et leur demanda s'ils avaient fait bonne chasse. Au lieu de répondre, ils lui ordonnèrent de descendre de cheval; mais lui, comme s'il les eût reconnus, leur fit signe de la main et continua sa route. Il fut poursuivi et atteint; ils le conduisirent au milieu d'un bois, et en un instant ils le mirent complétement nu; puis, s'emparant de tout ce qu'il avait, même de sa boussole, ils partirent. Ils eurent cependant quelque pitié, car, revenant sur leurs pas, ils lui jetèrent une mauvaise chemise, un pantalon et son chapeau; ce dernier objet fut celui qui lui causa le plus de plaisir, car il y avait serré ses notes et son journal.

Après ce malheur, Park fut plus découragé qu'il ne l'avait été dans aucune autre situation. Il se trouvait entièrement seul, au milieu d'un desert éloigné de plus de 500 milles de tout établissement européen, entouré de bêtes sauvages et de naturels plus sauvages encore; il ne lui restait d'autre pensée que de s'arrêter là et de mourir. Au milieu de cet affreux désespoir, la religion soutint ses forces et ranima ses espérances; une petite fleur en état de fructification frappa ses yeux; la délicate conformation de sa tige, de ses feuilles, de ses capsules, fut pour lui une source d'admiration. « Celui, s'écriat-il, qui a fait naître cette plante, et l'a conduite à maturité dans ce coin ignoré du globe, ne peut laisser périr une créature faite à son image. « Ranimé par ces justes et pieuses réflexions, il se leva, malgré la fatigue, et pensa que sa délivrance était peut-être plus proche qu'il ne l'espérait peu de minutes auparavant.

Il se traîna péniblement jusqu'à Sibidoulon, et admis devant le *manse* ou gouverneur, il lui raconta ses infortunes. Ému de compassion, le brave homme donna ordre à ses gens de se mettre, dès le lendemain matin, à la poursuite des voleurs, et lui offrit l'hospitalité; mais Park, voyant qu'une épouvantable famine ravageait le village, ne voulut rester que deux jours à la charge de son hôte. Il poussa jusqu'à Wonda, où il reçut également l'hospitalité, malgré la famine. Forcé de s'y arrêter neuf jours, à cause d'une fièvre violente, il entendit plus d'une fois son hôte le gouverneur et sa femme se lamenter d'être obligés de le garder jusqu'à ce qu'il eût recouvré ses forces.

Les messagers revinrent de Sibidoulon, apportant tout ce qui lui avait été volé, jusqu'à la boussole, qui était cassée; mais le cheval était dans un tel état de maigreur, qu'il ne pouvait être d'aucune utilité; Park en fit cadeau à celui qui l'avait soigné pendant sa maladie, et envoya la selle et la bride à son ami de Sibidoulon. Quoique malade, il se remit en route; son arrivée à Kamaliak signala le commencement d'une nouvelle période de son voyage; il rencontra un nègre, nommé Karfa Taura, venu dans le pays pour y réunir une caravane d'esclaves qu'il devait conduire à la Gambie; il prouva à Park que chercher à traverser le désert de Jalloukadou pendant la saison des pluies était une entreprise inexécutable ; il lui offrit de l'accompagner à la Gambie après la mauvaise saison, et, comme il s'aperçut de sa détresse, il promit de le nourrir jusque-là, ne demandant son salaire que lorsqu'il aurait atteint un établissement européen ; le salaire fut fixé à la valeur d'un esclave de première qualité.

Après plusieurs mois d'attente, la caravane se mit enfin en route. La partie la plus périlleuse de ce voyage fut celle où l'on trouva le désert de Jalluka, couvert de forêts vastes et épaisses.

On fut cinq jours sans voir la moindre trace d'habitation humaine. Les voyageurs marchaient en colonne serrée, pour se garantir de l'attaque des bêtes sauvages, dont ils entendaient sans cesse les rugissements autour d'eux. Enfin ce long voyage, qui dura plus de quatre mois, ne fut marqué par aucun accident, et, le 10 juin 1797, Park arriva à Pisania, où, dix-huit mois auparavant, il avait laissé le docteur Landley. Il fut reçu comme un homme qui revient de l'autre monde ; car tous les voyageurs de l'intérieur avaient répandu le bruit que, comme le major Houghton, il avait été massacré par les Maures de Ludamar.

Cinq jours après, Park était embarqué sur un vaisseau américain, qui devait le transporter à Antigoa, d'où il trouverait facilement des occasions pour l'Europe. Il en partit le 24 novembre, et le jour de Noël il arriva à Londres dès le point du jour. L'heure n'étant pas favorable pour visiter ses amis, il entra dans le jardin du muséum, qui par hasard était ouvert. Il eut le bonheur de rencontrer son protecteur M. Dickson, qui le croyait mort depuis longtemps. Le retour presque miraculeux de Park fut salué par le public avec des acclamations de joie ; car les Anglais, mieux que nous, comprennent la gloire qui rejaillit sur une nation dont un citoyen accomplit de si grandes choses. La narration de Park, publiée en 1799, devint bientôt populaire en Angleterre, et l'est encore aujourd'hui. Presque aussitôt traduit en français, ce livre fut promptement apprécié par tous ceux qui s'occupent des sciences géographiques et par les amateurs de voyages. En effet, ce voyage est, sans contredit, le plus important qu'aucun Européen ait jamais fait en Nigritie, malgré l'impossibilité où s'est trouvé Park de pénétrer jusqu'à Tombouctou. Il a déterminé de nombreuses positions géographiques dans une ligne directe de onze cents milles, à partir du Cap-Vert, et a fixé les confins des Maures et des nègres dans le désert. Le premier de tous, il a reconnu le fameux Niger, et a rétabli son cours véritable. Il est impossible de ne pas rendre justice à la prudence et à la sagacité avec lesquelles il a exécuté son plan, à l'intrépidité qu'il a déployée au milieu des dangers les plus imminents, et à la persévérance avec laquelle il a surmonté tous les obstacles.

CHAPITRE IX

MUNGO-PARK.

Deuxième voyage. — (1805.)

Les découvertes de Park, malgré leur importance, avaient plutôt excité que satisfait la curiosité. Il avait bien vu le Niger et constaté qu'il coulait à l'est dans l'intérieur de l'Afrique; mais la source et l'embouchure de ce fleuve étaient toujours mystérieuses; Park avait visité plusieurs royaumes florissants et des villes très-peuplées, mais on savait qu'il existait dans ces régions d'autres royaumes aussi grands et aussi riches, où il n'avait pas pu parvenir. Ces résultats cependant répandirent dans le public une ardeur générale pour les découvertes, qui jusqu'alors n'avait animé que quelques hommes éclairés.

Une association particulière ne suffisait plus pour envoyer une expédition au milieu de ces déserts et combattre en même temps la distance, la nature du climat et la barbarie des habitants. Le gouvernement, qui avait si noblement aidé le capitaine Cook, prit encore l'initiative, et le roi Georges III lui-même fut le promoteur de cette entreprise. Dès 1801, Park fut invité à se mettre à la tête de la nouvelle expédition préparée sur une grande échelle; il s'adjoignit M. Anderson, son beau-frère, dont il connaissait les talents et le courage, et s'occupa dès lors à tracer le plan qu'il comptait suivre.

Depuis son retour, il avait rencontré M. Maxwel, longtemps commandant d'un bâtiment négrier sur la côte d'Afrique; de leurs observations réunies, ils en vinrent à conclure que le Congo était le canal par lequel le Niger se déchargeait dans l'Océan; ce fut donc sur ce point que Park arrêta ses regards, et, comme il faisait autorité sur cette matière, on le laissa parfaitement libre.

Les circonstances politiques ne permirent pas de mettre ce projet à exécution avant 1805, époque à laquelle Park s'embarqua pour Gorée, où il devait trouver tout ce dont il aurait besoin. Le gouvernement voulait fournir à tout avec une excessive libéralité, car il lui avait ouvert un crédit de 2,500,000 fr.

Parti de Portsmouth le 30 janvier 1805, Park arriva à Gorée le 8 mars, et s'occupa dès lors de réunir sa caravane. Elle consistait en un officier, trente-six soldats, dont deux matelots et six ouvriers, et un nombre considérable d'ânes, qui devaient porter les bagages, les provisions et les marchandises destinées à servir aux échanges et à être données en présents. Ces préparatifs demandèrent un mois; la saison des pluies avançait, et quoique Park connût leur influence presque mortelle sur les Européens, il ne voulut pas différer son départ, espérant atteindre le Niger avant les pluies. Ce fut une grande faute; elle fut cause de bien des malheurs, et c'est à elle qu'on doit attribuer le mauvais succès de l'expédition. Il partit donc pour Pisania, et atteignit aisément les bords de la Gambie. Les naturels, loin de se montrer hospitaliers, cherchèrent par tous les moyens possibles à lui extorquer des présents; il ne pouvait pas même avoir de l'eau sans la payer, et cependant il se soumit à toutes ces petites exigences, ne voulant pas employer la force.

En traversant le désert de Tenda, la caravane fut inopinément dissoute : les gens du guide ayant imprudemment troublé un nombreux essaim d'abeilles pour en prendre le miel, elles s'élancèrent toutes à la fois sur la caravane, qui venait de faire halte, et la mirent en une déroute complète. Les ânes, débarrassés de leur charge, se sauvèrent et gagnèrent aussitôt une vallée; mais les hommes et les chevaux, bien que fuyant dans toutes les directions, furent très-maltraités par ces ennemis d'une nouvelle espèce; au milieu de ce désordre, le feu qu'on avait allumé pour faire la cuisine prit aux bambous, et faillit consumer les bagages; enfin, en moins d'une demi-heure, les abeilles semblaient avoir mis fin à l'expédition. Cependant vers le soir on se rallia peu à peu, et le jour suivant on se mit en route, malgré les douleurs causées par les piqûres des abeilles.

Park suivit pendant quelque temps le cours de la Gambie, puis il prit à l'ouest, et traversa le Ba-Leo, le Ba-Fing et le Ba-Oulima, les trois principaux affluents du Sénégal. Les bords de la route offraient un aspect pittoresque, par les formes variées et bizarres des rochers, qui figuraient des châteaux, des ruines, des obélisques, des pyramides ; l'un d'eux représentait les ruines d'une abbaye gothique avec ses niches, ses escaliers : l'illusion était si complète, que pendant quelque temps on crut que ces ruines étaient l'ouvrage des hommes.

Le passage du Ba-Oulima, dont les eaux avaient considérablement crû, présenta beaucoup de difficultés, et le guide Isaac manqua de devenir la proie d'un crocodile. Il se trouvait au milieu de la rivière, forçant à avancer quelques ânes rebelles, lorsqu'un crocodile le saisit par la cuisse gauche, et l'entraîna sous l'eau ; Isaac, avec une présence d'esprit surprenante, cherche l'œil du monstre, y enfonce son doigt, et l'oblige à quitter prise. Néanmoins l'animal revient à la charge et le saisit par l'autre cuisse ; l'intrépide Isaac parvint encore à se dégager de la même manière ; mais il était blessé grièvement et hors d'état de continuer le voyage ; il fallut attendre sa guérison pendant quatre jours.

En approchant de Satadou, la caravane fut assaillie par un *tornado*, ce qui indique le commencement de la saison pluvieuse. Dans ces ouragans, accompagnés d'éclairs et de coups de tonnerre épouvantables, la pluie tombe avec tant de violence, que la terre se couvre de deux pouces d'eau. L'effet ordinaire de ces ouragans est un besoin irrésistible de dormir, au point que, pour le satisfaire, les hommes se couchaient même dans l'eau. Leur santé en reçut de cruelles atteintes; en trois jours douze hommes furent très-malades et tous devinrent faibles et languissants; les naturels profitèrent de leur triste position pour se livrer à des déprédations qui contraignirent Park à employer la force; il fit tirer sur eux; heureusement personne ne fut atteint; cette démonstration suffit pour le débarrasser de ces incommodes voisins.

L'influence pernicieuse du climat se faisait de plus en plus sentir, chaque jour ajoutait à la liste des morts ou des malades; Anderson ne put résister, et Park lui-même, souffrant de la fièvre, était sur le point de perdre courage, lorsque, montant sur une éminence, il aperçut quelques montagnes très-éloignées dans le sud-est; alors la certitude de trouver le Niger au revers méridional de ces montagnes lui fit oublier sa fièvre; il ne songea plus qu'à franchir les cimes bleuâtres qui se découpaient sur l'horizon.

Un jour, pendant que la caravane était en marche, on entendit sur la gauche un bruit semblable à l'aboiement sourd d'un dogue, mais terminé par une sorte de sifflement, que Park compare au miaulement d'un chat en colère; le même bruit se répéta bientôt plus près, suivi d'un grognement, et soudain du milieu des broussailles s'élancèrent trois lions énormes qui s'avancèrent vers nos voyageurs, bondissant à travers les hautes herbes et marchant toujours de front. Park fit quelques pas en avant, et lorsqu'il se crut à peu près à portée, il ajusta celui du milieu. Il ne put savoir s'il l'avait atteint, mais au bruit de l'explosion ils s'arrêtèrent tous trois, se regardèrent et firent un bond en arrière; Park rechargea son fusil, et s'apprêtait à tirer de nouveau, lorsqu'il vit le dernier s'enfoncer dans les broussailles; un demi-mille plus loin, on entendit le même rugissement, mais on ne vit plus reparaître les lions.

Peu après, Park fut jeté dans un grand embarras. Le sol de certaines parties de l'Afrique se compose d'une argile sèche et jaune, dont la surface est sillonnée de fissures profondes de quinze à vingt pieds, et dont les parois à pic rendent la sortie très-difficile. Vers le soir, Park se trouva tellement pris dans l'un de ces gouffres, qu'il fut obligé d'y passer la nuit, séparé des siens et seul avec Anderson. Consumé par une fièvre ardente, Park ne savait comment se tirer de ce mauvais pas; son compagnon, malgré cet accident, dormit parfaitement bien. Au point du jour, ils parvinrent à rejoindre leurs gens, qui avaient passé la nuit un demi-mille plus loin, dans une situation semblable.

Enfin, le 19 août, Park atteignit le sommet des montagnes qui séparent le Niger des sources du Sénégal, et vit le fleuve promener son cours majestueux. Malgré la satisfaction qu'il ressentit, il fut péniblement affecté de sa position; de trente-huit hommes qu'il avait emmenés, sept seulement lui restaient, en partie si malades, que leur guérison paraissait impossible.

Son courage ne l'abandonna pas; il loua au premier village un canot pour se transporter à Marabout, et dès qu'il y fut arrivé, il envoya son interprète Isaac vers Mansong, roi de Sego, avec des présents pour obtenir de ce prince la permission de construire une barque et de descendre le Niger. Il retrouva Isaac à Samie, et les détails qu'il rapporte de ses entrevues avec le roi prouvent que, bien qu'il eût accordé l'autorisation demandée, il voyait avec une sorte de crainte un étranger traverser ses États, et qu'il mettrait tous les obstacles possibles à son entreprise. Le roi, ne voulant pas lui-même recevoir les présents, dépêcha son premier ministre, qui avait mission de terminer avec Park.

Modibinne, ainsi s'appelait le premier ministre, fut introduit auprès de Park; il lui signifia le désir du roi de connaître les motifs qui l'avaient conduit dans le Bambara. Celui-ci, après avoir rappelé son premier voyage et la conduite généreuse de Mansong, ajouta : « Vous savez que les blancs sont un peuple commerçant et que c'est nous qui fabriquons tous les objets précieux que les Maures apportent à Sego. Les bonnes armes à feu, qui les fabrique? les blancs. Nous les vendons aux Maures, qui vous les revendent à un plus haut prix. Une communication directe avec les blancs vous donnera donc les moyens de vous procurer ces objets à meilleur marché. — Je vous comprends, répliqua Modibinne; votre voyage me paraît une chose bonne. Puisse le Ciel le rendre heureux. Mansong vous protégera. » En effet, après avoir rendu compte au roi de sa mission, il revint avec la permission accordée à Park de parcourir tout le Bambara et de construire une barque à Sansanding, où il se hâta de se rendre.

Cette ville, peuplée de onze mille habitants, est le centre d'un commerce considérable; la foule abonde dans le marché, où les marchandises sont exposées sur des étaux défendus par des nattes contre l'ardeur du soleil. Chaque boutique ne contient généralement qu'un seul article; le sel, denrée précieuse, occupe un angle de la place : il y a d'autres marchés qui sont également bien fournis.

Mansong avait promis de fournir deux bateaux; mais comme il ne remplissait pas sa promesse et qu'il n'avait même aucune envie de la tenir, Park se détermina à acheter les matériaux nécessaires; il y parvint en mettant en vente ses marchandises; et en peu de temps il construisit un schooner, qu'il nomma *le Joliba*. Il avait quarante pieds de long, six de large, et ne tirait que deux pieds d'eau; c'est sur ce bateau qu'il allait tenter la grande entreprise de descendre le Niger jusqu'à son embouchure.

Avant de partir, Park éprouva la plus vive douleur qu'il eût jamais ressentie, en perdant son beau-frère Anderson. « Ce fut alors, dit-il, que je me sentis une seconde fois abandonné, seul et sans ami, au milieu des sauvages de l'Afrique. » Toute sa troupe se trouvait réduite à cinq Européens : lui, le lieutenant Martyn, et trois soldats. Cependant, quoique depuis lors ses pressentiments prissent une couleur plus sombre, son enthousiasme et son entier dévouement à la cause qu'il servait n'en éprouvaient aucune atteinte. « Je m'embarque pour l'est, écrit-il, avec la ferme résolution de découvrir l'embouchure du Niger ou de périr dans cette entreprise; quand même tous les Européens qui sont avec moi devraient mourir, et quand je serais moi-même à demi-mort, je persévèrerais dans mes projets, et, si je n'atteins pas le but de mon voyage, le Niger du moins me servira de tombeau. En allant m'enfoncer dans les profondeurs inconnues de l'Afrique, je marche tourné vers l'Angleterre. »

Le 18 novembre 1805, le grand voyageur commença sa périlleuse expédition, après avoir renvoyé son guide Isaac à la Gambie porter ses lettres et son journal. Ensuite on resta quelque temps sans nouvelles de lui; des bruits fâcheux commencèrent à se répandre vers la fin de 1806. Le fils du gouverneur, M. Maxwel, résolut d'expédier un messager pour connaître la vérité. Il eut le bonheur de trouver Isaac lui-même qui se chargea volontiers de cette mission. Parti du Sénégal en janvier 1810, il y revint le 1ᵉʳ septembre 1811, apportant la triste confirmation de tous ces bruits sinistres. Il avait rencontré, près de Sansanding, Amali Fatouma, que Park avait engagé comme guide pour descendre le Niger jusqu'à Cassina. Voici l'extrait du récit qu'il lui fit : « Nous partîmes de Sansanding, et nous arrivâmes en deux jours à Silla, où Park avait terminé son premier voyage. Park, sans descendre à terre, y acheta un esclave; nous étions donc neuf personnes : Park, Martyn, trois blancs, trois esclaves et moi. Sur le lac Dibbie, trois canots nous suivirent; ceux qui les montaient étaient armés de lances, d'arcs et de flèches, mais ils n'avaient pas d'armes à feu. Persuadés de leurs intentions hostiles, nous leur ordonnâmes de reculer, mais ce fut en vain, et nous fûmes obligés de les repousser par la force. Devant Kabra, trois autres canots essayèrent de nous couper le passage, mais nous les mîmes en fuite; près de Tombouctou, même tentative, que nous repoussâmes vigoureusement : nous tuâmes beaucoup de naturels dans ces attaques successives. La suite de notre voyage n'offrit aucun événement remarquable. Arrivé au lieu où finissait mon engagement, je pris congé de M. Park, et il partit. Je couchai dans un village; dès le lendemain, j'allai présenter mes hommages au chef. En entrant dans sa demeure, je trouvai deux cavaliers envoyés par le chef de Yaouri. « Nous sommes envoyés, dirent-ils, par notre chef, pour t'annoncer que des hommes blancs sont partis sans rien donner; ils ont cependant une quantité de choses avec eux; voici Amali Fatouma qui s'est également joué de nous. » Le lendemain de grand matin, le chef envoya des troupes au village de Boussa, situé sur les bords du fleuve. Devant ce village un roc traverse le Niger dans toute sa largeur; une partie de ce roc est très-haute; il s'y trouve une large ouverture en forme de porte; c'est le seul endroit par où les eaux puissent passer, et le courant y est très-rapide. Les troupes se postèrent près de cette ouverture. Park, qui n'arriva qu'après elles, entreprit de forcer le passage; aussitôt les ennemis l'attaquèrent, et firent pleuvoir sur lui une grêle de lances, de flèches et de pierres; Park se défendit longtemps, deux de ses esclaves furent tués; mais enfin, succombant au nombre et à la fatigue, et n'entrevoyant aucune possibilité de s'échapper, il saisit un des hommes blancs et s'élança dans l'eau; Martyn fit de même, et tous se noyèrent en tâchant de se sauver à la nage. »

Tel fut le récit d'Amali Fatouma, et pendant longtemps ces détails furent les seuls qu'on recueillit sur la catastrophe qui coûta la vie à l'illustre voyageur. Denham et Clapperton, dans leur premier voyage, recueillirent un récit qui s'éloigne peu de celui-ci; mais dans une seconde expédition, ils prirent de nouveaux renseignements qui en diffèrent en certains points, ainsi qu'on va le voir, car nous avons voulu réunir dans le même chapitre tout ce qui concerne le malheureux Park.

« L'accueil hospitalier du sultan de Boussa, dit Clapperton, m'enhardit à lui demander des renseignements sur la mort de plusieurs blancs qui disparurent dans le fleuve, il y a vingt ans, non loin de la ville. Mes questions le troublèrent. « Je ne possède rien qui leur ait appartenu, me dit-il, et j'étais enfant lors de l'événement.

— Ne pourrais-je au moins recueillir les livres, les papiers qu'ils ont laissés, et visiter la place où ils ont trouvé la mort?

— Gardez-vous d'y aller, reprit-il vivement; le

passage est dangereux. Quant à leurs papiers, je ne les ai jamais vus; on les a probablement livrés aux savants du pays: mais, s'ils ne sont pas perdus, je vous les ferai remettre. » Le lendemain, le sultan m'apprit qu'un iman du pays des Fellahs, qui avait fait l'acquisition de ces livres, était parti depuis longtemps.

« De tout ce que j'ai appris sur cet événement, voici la version que je crois la plus exacte : Mungo-Park s'embarqua sur le Niger au moment où les Fellahs portaient le fer et la flamme dans les villes de Gouber et de Zamfra. Le sultan de Boussa, ayant su que le bateau monté par les blancs avait une structure nouvelle, imagina qu'ils étaient l'avant-garde de l'armée ennemie qui ravageait le Soudan. Il prit les armes à la tête d'une troupe nombreuse, et vint surprendre les pauvres passagers, qui furent tous massacrés sans pitié. L'alarme avait été si grande jusque dans les contrées voisines, que les habitants de Nyffé s'étaient enfuis, croyant voir les Fellahs à leur porte. Le bateau ne contenait pourtant que quatre personnes, deux blancs et deux nègres. L'un d'eux, que les flots rejetèrent sur le rivage, trois jours après, était un blanc portant les cheveux longs et d'une figure imposante. On trouva de grands trésors dans le bateau, mais tous ceux qui avaient mangé des provisions qu'on en tira moururent. »

Voici maintenant les renseignements fournis à Richard Lander, domestique de Clapperton, par un vieux prêtre du Youry. « Vous n'êtes pas, lui dit-il, le premier blanc que nous ayons vu; j'ai connu, il y a vingt ans, trois de vos compatriotes; ils arrivèrent

vieux prêtre du Youry. « Vous n'êtes pas, lui dit-il, le premier blanc que nous ayons vu; j'ai connu, il y a vingt ans, trois de vos compatriotes; ils arrivèrent

à Youry aux fêtes du Ramadan; je les accompagnai dans trois visites qu'ils firent à notre sultan. Leur chef lui fit présent d'un beau fusil, d'un coutelas, d'une pièce de drap rouge, d'un assortiment de colliers et de couteaux, et d'un miroir en verre. Il avait une taille élevée, de grands bras, de grosses mains garnies de gants de cuir, montant jusqu'au coude; il portait un chapeau de paille, une longue veste, des pantalons blancs et des bottines; ses yeux et ses cheveux étaient noirs comme sa moustache. Le sultan conseilla à vos compatriotes de faire le reste de la route par terre, attendu que les bancs de rochers dont le lit du Niger est semé, et les peuplades féroces qui couvrent ses bords, rendraient le voyage par eau fort dangereux. Loin de suivre ce sage conseil, ils persistèrent dans la résolution de descendre le fleuve jusqu'à la mer. Mon maître fut très-affecté de leur mort, mais il n'était pas en son pouvoir de punir ceux qui les avaient précipités dans le fleuve. Aussitôt après cet événement, la peste étendit ses ravages sur la population de Boussa, et fit périr le roi, les principaux habitants et ceux qui avaient donné la mort aux blancs. Les habitants que le fléau avait épargnés, le considérant comme une punition du Dieu des chrétiens, placèrent dans une hutte tous les effets enlevés à vos frères et y mirent le feu. Les peuples de l'intérieur de l'Afrique croient aujourd'hui que tout homme qui tuerait un blanc serait frappé comme le peuple de Boussa.» Richard Lander, étant retourné à Boussa, dans son second voyage, fit des recherches pour trouver les papiers de Park. Elles furent inutiles; il ne put se procurer qu'un vieux livre de navigation ; mais il acheta un fusil qui lui avait appartenu, et son *tobé* ou robe de cérémonie. Il est donc à peu près prouvé que ces papiers, si précieux pour la science, sont à jamais perdus.

CHAPITRE X

Voyages divers.

HORNEMAN. — NICHOLLS. — ROENTGEN.

Dans l'intervalle qui s'écoula entre les deux voyages de Mungo-Park, Frédéric Horneman, Allemand de naissance, tenta de reconnaître l'intérieur de l'Afrique en partant de l'Égypte: son plan fut agréé par l'association africaine. Il s'embarqua pour le Caire, où il resta plusieurs mois, attendant le départ d'une caravane; il s'y trouvait encore lors de l'arrivée des Français. Bonaparte, instruit de ses projets, lui donna un sauf-conduit, et lui offrit généreusement de l'argent et tout ce dont il aurait besoin, s'associant ainsi à cette noble entreprise.

Le 5 septembre 1798, enfin, Horneman partit avec une caravane qui allait dans le Fezzan. Il prit les vêtements, et la qualité de marchand musulman. Dès le 8, la caravane entra dans le désert de Libye, vaste plaine de sable. La surface du désert, semblable aux rivages de l'Océan, dont les flots viennent de se retirer après une tempête, était parsemée d'innombrables débris de pétrifications : ici de gros troncs d'arbres ayant douze pieds de circonférence, là des branches et des rameaux; ailleurs des morceaux d'écorce seulement. On avait cru y découvrir des fragments de mâts, mais il s'est trouvé que c'étaient simplement des éclats longitudinaux de troncs brisés. Ces bois pétrifiés étaient également noirs; mais il y en avait qui, par leur teinte grisâtre, ressemblaient tellement au bois naturel, qu'on les ramassait quelquefois pour faire du feu.

Lorsque la caravane faisait halte pour la nuit, chacun construisait une petite fosse dans le sable, allumait du feu et préparait ses aliments. Le premier jour, Horneman employa pour cet objet un renégat allemand qu'il avait à son service; mais, craignant d'exciter les soupçons de ses compagnons, il imita leur exemple, et devint son propre cuisinier.

Après treize jours de marche (123 heures), la caravane arriva à Syouah, situé au milieu d'une oasis d'environ cinquante milles de tour. Le terrain produit, presque sans culture, des grains et des végétaux; mais sa richesse consiste surtout en dattiers; le panier de dattes sert de base pour fixer la valeur des marchandises. Syouah est surtout remarquable par un monument antique, situé à quelques milles vers l'ouest. Ce monument, appelé par les naturels Oummebeda, consiste en une masse considérable de ruines si confuses et si dégradées, qu'il est extrêmement difficile d'assigner la destination première de cette construction; il existe cependant des restes évidents d'un mur extérieur d'une grande épaisseur et d'une circonférence de deux cents verges; au centre, se trouvent des ruines, qui sont celles du principal bâtiment; elles ont environ vingt-sept pieds de haut, vingt-quatre de large, et dix à douze pas de long; les murailles, épaisses de six pieds, se composent de blocs de pierres énormes, cimentées avec du cailloutage et de la chaux; des hiéroglyphes, où l'on découvre des traces de peintures, décorent l'extérieur. Cette description, comparée avec celle de Browne, qui le premier retrouva ces ruines, et avec celles des auteurs anciens, laisse peu de doute que ce ne soient les restes du temple de Jupiter-Ammon, objet d'une vénération sans bornes chez les anciens. De grandes discussions se sont élevées à ce sujet entre les savants, mais on est à peu près d'accord aujourd'hui sur ce point.

Au delà de Syouah, la route, bordée de précipices profonds, passe à travers une chaîne de roches calcaires, dont quelques-unes sont entièrement recouvertes de coquilles et de débris d'animaux marins. A quatre jours de là, la caravane entendit soudain braire quelques centaines d'ânes portant des habitants de Syouah armés et disposés au combat. Lorsque l'on communiqua avec eux, on sut que le bruit s'était répandu dans le village qu'il y avait des chrétiens dans la caravane; le seul but de l'expédition était de les arrêter et de les mettre à mort. L'interprète, saisi d'effroi, se regardait comme perdu; mais Horneman s'avança courageusement vers cette troupe de furieux. A son approche, ils s'écrièrent qu'il était un des nouveaux chrétiens du Caire (les Français), et qu'il parcourait le pays comme espion. Dans cette conjoncture difficile, Horneman déploya un calme et une présence d'esprit admirables; non content de réfuter cette assertion par des preuves positives, il tira de son sein un exemplaire du Koran, y lut à haute voix, et interpréta le texte sacré des mahométans avec une facilité qui fit une profonde impression sur tous les assistants. Les gens de la caravane prirent hautement sa défense : plusieurs d'entre les agresseurs se joignirent à eux, et forcèrent leurs compagnons à renoncer au pillage, dont le désir les avait principalement amenés.

Les voyageurs s'arrêtèrent quelques jours à Augila, et, après avoir traversé une chaîne de montagnes (*Mons Ater* des anciens), ils arrivèrent à Témissa, frontière du Fezzan, puis à Zouliah; enfin ils atteignirent Mourzouk, capitale du royaume, après soixante-quatorze jours de marche. « Le sultan, dit Horneman, s'était posté sur une éminence; il était accompagné d'une cour nombreuse et d'une multitude de ses sujets. Notre caravane fit halte, et tous les voyageurs de quelque importance descendirent de leurs montures pour le saluer. Je m'approchai avec les autres; je trouvai le sultan assis sur un trône d'ivoire couvert d'une étoffe rayée de rouge et de vert. Le sultan avait la veste des habitants de Tripoli, et, par-dessus, une chemise ou froc brodé en argent, à la manière des naturels du Soudan. Tous près de lui étaient des mameluks blancs et des esclaves nègres, le sabre nu;

ils avaient derrière eux six bannières, et des esclaves noirs tenant des lances et des hallebardes dont la forme remontait peut-être au temps de Saladin. Nous entrâmes dans le cercle par une ouverture ménagée vis-à-vis du sultan; et vers le milieu de l'enceinte, conformément au cérémonial de sa cour, nous quittâmes nos pantoufles et nous nous avançâmes nupieds pour lui baiser la main. Chacun, après lui avoir présenté son hommage, passait alternativement à droite et à gauche, et s'asseyait derrière lui. Le cheik des pèlerins entra le dernier, le sabre à la main, précédé d'une timbale et de l'étendard vert de la Mecque. Les pèlerins le suivaient en chantant des hymnes qu'ils continuèrent jusqu'à ce qu'il plût au sultan de congédier leur chef, avec la promesse d'envoyer à chaque tente son présent de dattes et de viande. L'audience terminée, le sultan retourna à Mourzouk, précédé de timbales et de bannières, et entouré de ses soldats, tandis que ses courtisans faisaient caracoler leurs chevaux sur les flancs du cortége. »

Après quelque temps de séjour dans le Fezzan, Horneman fit une excursion à Tripoli, et revint à Mourzouk le 29 janvier 1800. Il en partit le 6 avril avec la caravane du Bornou. Depuis on n'a pas reçu de ses nouvelles directes, et plusieurs rapports dignes de foi assurent qu'il est mort sur les bords du Niger, soit de maladie, soit massacré par les habitants.

Nous ne ferons que mentionner Nicholls et Roentgen, dont les noms doivent être joints à la liste nombreuse des Européens qui ont succombé dans ces aventureuses entreprises. Tous deux périrent presque au début de leur voyage.

Vers 1815, l'attention de l'association africaine fut vivement excitée par le récit qu'on lui fit des aventures d'un matelot américain qui, alors à Londres, prétendait être resté six mois à Tombouctou. Des recherches le firent bientôt découvrir; il raconta ses malheurs avec un tel accent de vérité, que le savant Barrow ne douta pas qu'il n'eût été à Tombouctou. Cependant plusieurs personnes doutent de l'authenticité de son récit, entre autres M. Jomard; nous ne citerons donc rien de la relation écrite sous sa dictée. Nous ne dirons rien non plus du naufrage de l'Américain Riley, et de la relation qu'il rapporte d'un voyage à Tombouctou entrepris par Sidi-Hamet: les notions qu'il donna sur Tombouctou étaient nouvelles et pleines d'intérêt; mais l'audacieuse entreprise de M. Caillé, entreprise couronnée de succès, a fourni à la science des documents plus positifs et plus étendus. C'est en analysant les travaux de notre compatriote que nous dirons le peu qu'on sait sur cette mystérieuse cité.

CHAPITRE XI

Expéditions faites par ordre du gouvernement anglais.

TUCKEY. — PEDDIE. — CAMPBELL. — GRAY. — LAING. — RITCHIE ET LYON.

La mort de Mungo-Park n'avait nullement prouvé l'erreur de l'hypothèse qui lui faisait supposer que le Niger déchargeait ses eaux dans l'Océan par le fleuve Congo. Cette opinion, généralement adoptée, l'était même par le conseil de l'amirauté anglaise : le gouvernement se décida à tenter une expédition digne de lui; on la divisa en deux parties; pendant que l'une remonterait le Congo, l'autre devait descendre le Niger; de cette manière, si Park avait raison, le grand fleuve devait être parcouru dans toute son étendue. L'expédition du Congo fut confiée au capitaine Tuckey; on lui associa des hommes savants dans toutes les branches de l'histoire naturelle. Arrivé à la fin de juin 1816 à Malemba, il fut parfaitement reçu par le chef, qui le croyait venu pour acheter une cargaison de nègres; mais, trompé dans son attente, il se livra à des invectives contre tous les rois de l'Europe, et surtout contre le roi d'Angleterre, qu'il appelait le *Diable*, parce qu'il venait de défendre la traite. Après quelques jours de navigation, les Anglais furent surpris en voyant que le fleuve n'était pas plus considérable qu'une rivière de deuxième ordre; il n'avait guère que cent cinquante brasses de largeur; ses bords marécageux, couverts de mangliers, le silence solennel qui régnait dans les immenses forêts qu'il traversait, tout faisait une profonde impression sur leurs esprits. A Embomma, principal entrepôt du Congo, M. Tuckey fut admis en présence du chef; les énormes boutons dorés qui brillaient sur son vêtement, ses bas de taffetas violet, ses demi-bottes rouges et le vaste chapeau qui ombrageait sa tête, le faisaient ressembler à Polichinelle. Il fut impossible de faire entrer dans la tête du nègre la moindre idée sur les motifs de l'expédition. « Venez-vous faire la traite, ou venez-vous faire la guerre? » Il ne sortait pas de ces deux questions. A la fin, Tuckey lui ayant fait une déclaration solennelle qu'il ne venait pas faire la guerre, il consentit à le laisser voyager moyennant un présent d'eau-de-vie.

L'expédition remonta jusqu'à Yellala, ou la grande cataracte. Là Tuckey et les siens éprouvèrent un second désappointement; ils s'attendaient, d'après tous les récits, à voir une chute semblable à celle du Niagara; ils ne trouvèrent qu'un simple petit fleuve coulant sur un lit de pierres. Les masses de rochers, en tombant, se sont divisées, et ont, pour ainsi dire, intercepté l'eau. Le bateau fut obligé de s'arrêter; il fut impossible de lui faire franchir cet obstacle, et les précipices qui bordaient le fleuve empêchèrent qu'on ne le traînât à bras. Tuckey se décida à continuer la route par terre, malgré les difficultés nombreuses que le terrain présentait. Il était parvenu à un point où le chemin était praticable, même facile, quand il se vit forcé de rétrograder; le climat avait fait sentir sa fatale influence; déjà il n'était plus temps de s'y soustraire; tous les savants périrent successivement, et Tuckey lui-même succomba le 4 octobre. Ce voyage malheureux n'eut donc qu'un résultat négatif, en démontrant qu'il était impossible que la masse considérable des eaux du Niger s'écoulât uniquement par le Congo.

La seconde partie de l'expédition, celle qui devait descendre le Niger, fut confiée au major Peddie; au lieu de suivre les bords du Sénégal, ou ceux de la Gambie, il préféra traverser le pays des Foulahs. Cette route était la plus difficile; mais aussi elle n'avait pas été explorée. Après un mois de dangers, Peddie était à peine arrivé à Kakundy, où il devait s'embarquer sur le Rio-Nunez, qu'il succomba aux fatigues. Campbell, qui lui succéda, parvint jusqu'à Penjetta. Le roi de Timbou lui ayant refusé le passage, il revint à Kakundy, où il succomba le 13 juin 1817.

Éclairé par ce triste résultat, le major Gray se garda bien de prendre la même route; placé à la tête d'une nouvelle expédition (1818) qui avait même mission que la précédente, il prit son point de départ de Kayayé sur la Gambie; il traversa la partie méridionale du Woulli, et remonta au nord-ouest, dans le Bondou, jusqu'à Boulibany, sa capitale. L'almamy l'empêcha non-seulement d'aller au delà, mais il l'obligea à sortir de ses États. Les hommes du major furent attaqués par l'escorte qui devait le défendre, et tellement poursuivis dans le Fouta-Toro, que l'expédition fut obligée de se sauver à Bakelle. Elle dut son salut à un sergent français qui en faisait partie : ce sergent, nommé Dochard, envoyé par M. Gray vers le chef de Sego, parvint par une route directe de Boulibany à Phani, sur le Niger : la méfiance des nègres du Bambara ne lui permit pas même de voir le roi; on le força d'attendre ses ordres à Bammakou, où, sous divers prétextes, on le retint pendant un an. Il s'échappa heureusement de cette captivité déguisée, et rejoignit M. Gray à Saint-Joseph. Ce voyage n'offre de remarquable que l'itinéraire de Dochard.

En 1821, le capitaine Laing, depuis major, étant à Sierra-Léone, fut chargé d'aller contracter des alliances commerciales avec les peuples de Timmani, de Kouranko et de Soulimana. Dans ce voyage, il trouva que les sources du Niger sont plus au sud que ne le pensait Park. A Faleba, Laing n'en était plus qu'à trois journées; il ne put les reconnaître, parce qu'il fallait traverser une peuplade en guerre avec les Soulimanas. Il pense que les sources sont vers le 11° de latitude.

Le gouvernement anglais, que rien ne pouvait détourner du projet de faire reconnaître l'Afrique centrale, saisit avec empressement l'offre du pacha de Tripoli, qui offrait d'aider de tout son pouvoir une expédition qui parviendrait dans le royaume de Fezzan, soumis à son autorité, et irait de là à Bornou, avec lequel le Fezzan a de grandes communications. Ritchie, jeune homme plein de courage et de savoir, fut nommé consul à Mourzouk, et eut le commandement de l'expédition. On lui adjoignit le lieutenant de marine Lyon, dont les connaissances devaient être fort utiles, si l'on parvenait au Niger. Ritchie arriva à Mourzouk, où le sultan le reçut avec de solennelles promesses de protection, promesses qu'il ne devait pas tenir. Les membres de l'expédition ne purent résister à l'influence des miasmes putrides qui s'exhalent des marais dont la ville est entourée; ils furent atteints de la fièvre, et le sultan, loin de les aider, ne voulut pas même permettre qu'on les secourût. Ritchie succomba le 20 novembre 1819; Lyon, plus heureux, échappa à la maladie et continua la reconnaissance des parties méridionales du Fezzan jusqu'à son extrême frontière; il ouvrit ainsi la route que devaient parcourir si glorieusement Denham et Clapperton.

CHAPITRE XII

MOLLIEN. (1818.)

Nos lecteurs ont sans doute remarqué, et peut-être leur orgueil national en a-t-il été blessé, que le nom d'aucun Français ne se trouve inscrit à côté de ceux des illustres victimes dont nous avons esquissé les travaux. De 1789 à 1815, la France était trop occupée de guerres et de révolutions intérieures pour songer aux voyages de découvertes; et d'ailleurs les colonies qu'elle avait autrefois possédées sur la côte d'Afrique étaient au pouvoir des Anglais : toute tentative était donc impossible. Mais lorsque les traités de 1815 nous eurent rendu le Sénégal, M. de Fleuriau, alors gouverneur, sentit toute l'importance d'une reconnaissance des pays voisins, pays encore mal connus; aussi accepta-t-il avec empressement l'offre de M. Gaspard Mollien, qui se proposait d'arriver au Niger en traversant ces contrées.

M. Mollien, échappé au naufrage de *la Méduse*, était resté quelques mois au Sénégal; il avait parcouru plusieurs pays voisins de la colonie; ce fut alors qu'il résolut de suivre les traces de Mungo-Park. Il revint en France, fit part de son plan au ministre, et n'obtenant aucune réponse, repartit pour le Sénégal, afin de tenter le voyage à ses frais. M. de Fleuriau s'associa à ses idées, et lui donna pour environ mille deux cents francs d'objets d'échange, provenant des magasins du gouvernement. Il partit le 29 janvier 1818, traversa les États du Damel, et entra dans le pays des Yolofs. Dans chaque village où il s'arrêtait, il était questionné par les habitants; partout on demandait au voyageur son nom, le lieu de sa naissance, où il allait; c'est le salut d'usage; n'y point répondre, c'eût été s'exposer à des soupçons qui auraient compromis sa liberté. La Bible et les poëmes d'Homère nous fournissent des exemples de cette antique coutume. A Médina, il reçut la visite de plusieurs Fellahs, qu'on appelle indistinctement Fellahs, Foulahs et Pouls-Peuls. Cette race est répandue dans presque toute la Nigritie, et mène une vie entièrement sauvage. Ils s'occupent uniquement du soin des troupeaux, et habitent ordinairement les forêts, ou se retirent dans des huttes qu'ils construisent avec des branches d'arbres. Les Fellahs du royaume Yolof ont tous de longs cheveux un peu laineux; leurs traits ressemblent à ceux des Européens, surtout parmi ceux qui sont d'une couleur cuivrée, mais leurs lèvres sont plus épaisses. Les femmes, jolies dans leur jeunesse, sont horribles et dégoûtantes lorsqu'elles avancent en âge. Les hommes portent une culotte qui va jusqu'aux genoux, un pagne sur les épaules, des boucles d'oreilles et des colliers de verroterie; quelquefois ils mettent des plumes d'autruche dans leurs cheveux tressés en manière de casque; quelques-uns ont des fusils, mais le plus grand nombre n'ont que des lances et des flèches empoisonnées.

Mollien, pour prévenir une partie des dangers qu'il courait en suivant la route de Woulli, changea son itinéraire, et prit celle du Fouta-Toro. L'almamy, ou chef du pays, lui donna avec la plus grande difficulté la permission de traverser ses États; il fallut qu'il cachât soigneusement les motifs de son voyage; des présents lui firent enfin obtenir cette autorisation, mais elle ne fut que verbale, et, à quelques jours de là, il se vit arrêté parce qu'il n'était porteur d'aucun papier. On le conduisit au village de l'almamy; mais le chef, partant pour aller à une conférence avec son collègue de Bondou, il fut forcé de l'accompagner. « Tout le chemin que nous parcourûmes, dit notre voyageur, était couvert de fantassins et de cavaliers qui allaient grossir l'armée; quelques soldats avaient des bottes en cuir sans semelles, d'autres des chapeaux de paille, tous étaient couverts de plusieurs pagnes, la plupart des fusils étaient dans le plus mauvais état, et tous n'en avaient pas; quelques-uns étaient armés de lances, d'autres de sabres. Des ânes étaient chargés du bagage des principaux chefs, car les simples soldats portaient avec eux tout ce qui pouvait leur être nécessaire. Arrivés au lieu de campement, l'almamy fit mettre ses troupes en ordre. Cette petite armée présentait un coup d'œil assez imposant, car tous les hommes du Fouta-Toro ont pour la guerre un costume semblable à celui des mameluks. Tous les turbans blancs et les robes de la même couleur, les chevaux qui, au nombre de trois cents, marchaient sur la même ligne, produisaient un effet magnifique. Derrière eux marchaient les fantassins; ils pouvaient être un mille environ. Lorsqu'on annonça la venue de l'almamy de Bondou, on fit de nombreuses décharges, qui se continuèrent pendant toute la conférence. »

Mollien fut logé dans un village; son hôte était complétement sourd, et cette infirmité provenait d'une cause trop singulière pour ne pas être rapportée. L'esclave qui veut changer de maître va, par surprise ou par force, couper l'oreille à l'homme qu'il affectionne, et dès ce moment il lui appartient, et son ancien maître ne peut le reprendre. Deux esclaves avaient successivement coupé chacun une oreille à cet homme, et la plaie, en se refermant, avait totalement bouché le conduit auditif.

L'almamy s'occupa enfin de la plainte du voyageur; il fallut encore bien des présents pour obtenir un passe-port; cette fois ce fut un véritable passe-port. Mollien fournit le papier, et le marabout qui lui servait de guide l'écrivit. Muni de cette pièce importante, il prit un second guide, et marcha en avant.

Il traversa le canal naturel qui unit la Sénégambie et la Gambie, et arriva sur le territoire de Bondou; partout il fut bien accueilli.

Mollien trouva dans le Bondou des nids de termites d'une dimension prodigieuse; il n'est pas rare, dit-il, d'en voir de vingt pieds d'élévation et de trente de circonférence à la base. La matière gélatineuse que les termites emploient pour cimenter les grains de sable qui composent leur merveilleux édifice est d'une telle force, que ni les pluies ni la main de l'homme ne peuvent le détruire; on n'y parvient même qu'avec beaucoup de peine au moyen de la hache. Les fourmis-lions creusent souvent dans le voisinage des nids, de manière à former des cônes renversés, pour s'y blottir et surprendre de petites fourmis noires sans cesse occupées à faire la guerre aux termites, lorsqu'elles se risquent à sortir de leur labyrinthe, ce qu'elles n'entreprennent ordinairement qu'après avoir fait des chemins couverts jusqu'aux lieux où elles vont butiner.

L'intention de Mollien était de visiter le royaume de Bambouk; mais comme les habitants étaient en guerre avec ceux du Bondou, il abandonna ce projet et partit pour Fouta-Diallon, bravant les dangers du désert pour aller reconnaître les sources du Sénégal, de la Gambie et du Rio-Grande. Nous ne le suivrons pas pendant ce trajet, qui ne lui offrit rien de remarquable, et nous nous hâtons d'arriver à ses découvertes. Nous le laissons parler. « Nous arrivâmes, dit-il, dans un petit vallon; à droite et à gauche se montraient de petits villages sur le penchant des coteaux. Le sol était couvert d'herbes hautes et touffues, mais desséchées; on n'y apercevait pas un caillou. Deux bouquets de bois qui ombrageaient les sources objet de mes recherches, s'élevaient au milieu de cette campagne, que la sécheresse avait dépouillée de sa verdure. Lorsque j'entrai dans le bois qui couvre la source du Rio-Grande, je fus saisi d'un enthousiasme religieux : des arbres aussi vieux que le fleuve le rendent invisible aux regards de ceux qui n'ont pas résolu de le visiter. La source jaillit en bouillonnant du sein de la terre, et coule en passant par-dessus des rochers. Bientôt après, mon guide frappa du pied, et le terrain retentit d'une manière effrayante. Après avoir fait treize cents pas environ, nous arrivâmes au bois qui couvre la source de la Gambie; je me frayai un passage à travers les buissons épineux qui croissaient au pied des arbres, et je pus voir cette source. Elle sort de dessous une voûte au milieu du bois, et forme d'abord deux branches; mais la hauteur du terrain s'oppose à l'écoulement de l'une d'elles; l'autre, à six cents pas, n'a encore que trois pieds de large; elle sort du vallon par le côté opposé au Rio-Grande. Quelques jours après, nous reconnûmes les sources du Falémé. Ce ne fut qu'avec de grandes précautions que nous pûmes approcher de ces sources, les naturels croyant que leur pays serait affligé des plus grands malheurs, si un étranger profanait ces lieux sacrés pour eux. »

Mollien détermina difficilement son guide à le conduire à Timbo, principale ville du Fouta-Diallon. « L'almamy me fera mourir, disait-il, pour avoir amené un blanc dans sa capitale. » Comme toujours, un léger présent vainquit cette répugnance, et le 20 avril il entra dans cette ville. « Timbo, dit-il, est situé au pied d'une haute montagne; c'est une ville d'une très-grande étendue, et qui cependant ne renferme que neuf mille habitants; il y a une mosquée et trois forts, dans l'un desquels se trouve le palais de l'almamy; ce sont cinq grandes cases régulièrement bâties. Les cours sont plantées de papayers et de bananiers; les rues, mal alignées, sont extrêmement étroites, et chaque carrefour forme un cloaque d'immondices. Timbo est la ville de guerre du royaume, et n'est nullement commerçante. »

Les sources du Sénégal n'étaient pas éloignées, Mollien voulut les reconnaître; il prétexta un voyage pour aller chercher du sel, afin de détourner l'attention des habitants. « Nous avions, dit-il, commencé à gravir une montagne très-escarpée, et nous étions encore assez loin de son sommet, lorsque le guide, s'arrêtant tout à coup, nous montra un bouquet d'arbres qui cachait la source du Sénégal à nos yeux. Je me laissai glisser le long de la montagne, et je parvins dans un bois épais où jamais la lumière du soleil n'avait pénétré; là je traversai le Sénégal, dont la largeur était de quatre pieds; en le remontant, j'aperçus, l'un au-dessus de l'autre, deux bassins dont l'eau sortait en bouillonnant, et plus haut un troisième qui n'était qu'humide, de même que la rigole qui aboutissait au bassin. C'est le bassin supérieur que les naturels regardent comme la source principale du fleuve. »

Cette première partie de sa mission terminée, Mollien se préparait à gagner le Niger et à le descendre jusqu'à Tombouctou; il retourna à Bandeïa, et le jour même de son arrivée un violent tornador annonça le commencement de la saison des pluies; le lendemain il était atteint de la dyssenterie. Étendu sur la paille pendant six semaines, il attendait à chaque instant la mort. Un habitant du village tâcha d'abord d'accélérer sa fin par le poison. Le bruit de ses découvertes vint aux oreilles des Fellahs de quelques villages voisins; on chercha les moyens de le faire périr pour s'emparer de ses marchandises et surtout de ses journaux. Entouré de dangers si imminents, il rassembla ses dernières forces, et, abandonnant son cheval, qui était boiteux, il s'enfuit sur un âne à travers les montagnes. Bientôt on l'eut atteint. Plusieurs chefs voulaient le faire périr, d'autres prirent sa défense: enfin, au moyen de quelques présents, il se tira de ce nouveau péril. Les souffrances qu'il éprouva ensuite au milieu des montagnes passent toute expression. Obligé, malgré la maladie dont il était atteint, de marcher sous un ciel brûlant, de traverser des rivières gonflées par les pluies, il demandait au Ciel une mort mille fois plus douce que la vie misérable qu'il traînait. Il pénétra néanmoins après des peines infinies dans le Tenda-Maié, pays stérile, où pendant trois jours il éprouva les horreurs de la faim. Arrivé sur les bords du Rio-Grande, il trouva un pays plus riche, mais où il n'échappa encore au pillage, et peut-être à la mort, que par une fuite précipitée.

Le 8 juillet, il parvint à Geba, établissement portugais, où le gouverneur le reçut parfaitement, sans pouvoir lui donner les médicaments qui lui manquaient. Enfin il se rendit à Bissao, principal comptoir du Portugal: il y resta quelques mois, et profitant de l'arrivée d'une corvette française, il s'embarqua pour Gorée et de là gagna Saint-Louis, d'où il était absent depuis une année.

CHAPITRE XIII

DENHAM, CLAPPERTON ET OUDNEY. (1821 — 1825.)

Après la mort de Ritchie à Mourzouk et le retour du capitaine Lyon, le ministère anglais, après l'assurance donnée par le consul de Tripoli, que la route de cette ville était aussi libre et aussi sûre qu'aucune de celles de l'Europe, résolut de faire partir sur-le-champ une seconde mission pour explorer ces contrées. Elle fut confiée au docteur Oudney, qui s'adjoignit le lieutenant Clapperton ; le lieutenant (depuis major) Denham s'offrit en qualité de volontaire, il fut accepté. Le pacha de Tripoli avait promis sa protection au consul ; dès que les voyageurs furent arrivés, ils furent présentés ; le pacha leur renouvela ses assurances favorables, et leur donna des firmans pour le sultan du Fezzan, son tributaire. Les voyageurs firent sans difficulté le trajet de Tripoli à Mourzouk ; là ils éprouvèrent un grand désappointement.

Quand ils demandèrent au sultan de leur donner des moyens d'aller à Bornou, il refusa positivement, et s'opposa même à leur départ; Denham, profitant d'une caravane conduite par un Maure nommé Bou-Kaloum, retourna à Tripoli; il trouva les dispositions du pacha tellement changées, qu'il se décida à passer en Angleterre, pour demander l'appui de son gouvernement; mais pendant qu'il faisait quarantaine à Marseille, il apprit que toutes les difficultés étaient aplanies et que l'expédition partirait pour le Bornou, sous l'escorte de Bou-Kaloum, qui conduisait dans le pays une caravane. Denham fit voile aussitôt pour Tripoli: l'Arabe en était déjà parti, et il ne put le joindre qu'à l'entrée du grand désert.

Bou-Kaloum, comme on le sut depuis, était chargé de négocier avec le sultan de Bornou une *grazzie*, c'est-à-dire une levée ou plutôt une chasse d'esclaves nègres; il était le chef d'un corps de plus de deux cents Arabes. Avec cette escorte, Denham ne craignit pas de parcourir les immenses déserts, tombeau de tous les Européens qui avaient osé s'y aventurer.

La caravane entra le 30 octobre 1822 à Mourzouk, où Denham trouva ses deux compagnons tellement malades, que, ne voulant pas partir sans eux, il annonça qu'il renonçait à profiter de cette occasion; mais ses amis, pleins d'ardeur, demandèrent eux-mêmes à quitter la ville, dont l'air était malsain, espérant d'ailleurs que les émotions du voyage leur rendraient la santé.

Enfin, le 29 novembre la caravane se mit en

route ; elle se composait de deux cent dix Arabes rangés par dizaines et vingtaines, sous la conduite de différents chefs soumis au commandement de Bou-Kaloum.

Chaque journée était de douze milles. Aux haltes qu'on faisait le soir, toujours calculées sur les ressources des puits connus des guides, on rencontrait fréquemment des quantités immenses d'ossements humains, et même des cadavres avec leur chair ; ces tristes restes étaient ceux des malheureux esclaves qui, amenés du Soudan, n'avaient pu résister aux fatigues, et avaient été abandonnés par leurs maîtres. C'était un spectacle peu encourageant.

Contre l'ennui de ce long et pénible voyage, on n'avait d'autre ressource que les querelles bruyantes des Arabes, leurs accès de gaieté, leurs chants et leurs contes. « Les chants des Arabes, dit Denham, vont droit au cœur et l'émeuvent fortement. J'ai vu des Arabes rangés en cercle autour d'un chanteur, l'œil fixe et dans l'attitude du recueillement, éclater de rire, fondre en larmes, battre des mains et manifester tout à la fois le plus vif enthousiasme. »

Après avoir dépassé la station du Traghan, la caravane se trouva au milieu du désert ; là toutes les journées s'écoulaient sans que l'on vît un seul être vivant, pas même un insecte. Les voyageurs étaient constamment exposés à l'action directe des rayons solaires, mais ils étaient dédommagés par la beauté et la tranquillité des nuits. La lune et les étoiles jetaient une éblouissante lumière, et une brise rafraîchissante succédait aux chaleurs brûlantes du jour ; cette brise rendait des sons agréables, semblables au murmure d'un ruisseau. Dans ces solitudes, le moindre bruit acquiert une intensité remarquable, comme si l'immensité du désert lui servait d'écho.

Pendant leur route, les voyageurs rencontrèrent un campement de Tibbous, et un autre de Tuaricks, peuplades indigènes, qui se partagent les plaines immenses du Sahara. Les Tibbous sont peu nombreux ; pendant une partie de l'année ils vivent du lait de leurs chameaux ; le reste du temps, ils vont en caravane à Mourzouk ou à Bornou. Quoique de couleur noire, ils n'ont aucun des traits des nègres ; les hommes sont laids ; mais les femmes auraient quelque beauté, si elles ne se défiguraient le visage en plaçant dans leurs narines des ornements de corail. Gais et de bonne humeur, ils sont, comme tous les Africains, passionnés pour le chant et la danse. Leur gaieté est d'autant plus remarquable, qu'ils sont constamment exposés aux attaques de leurs formidables voisins, qui finiront par détruire leur race. Les Tuaricks, ainsi que l'ont observé Clapperton et Oudney dans une excursion qu'ils firent à l'ouest de Mourzouk pendant l'absence de Denham, sont francs, honnêtes, hospitaliers ; les femmes ne sont ni renfermées ni esclaves ; elles sont traitées avec certains égards, et sous ce rapport leurs mœurs ressemblent à celles des Européens. Cette race nomade professe un profond mépris pour tous ceux qui habitent des maisons ou cultivent la terre. Ce sont cependant les seuls Africains qui aient un alphabet; ils ne se servent pas pour écrire de papier ou de parchemin, mais ils gravent les lettres sur les rochers de granit dont leur territoire est semé; et dans les lieux où ils ont longtemps séjourné, les pierres sont entièrement couvertes de ces caractères, qui n'ont aucun rapport avec les lettres des autres nations. Clapperton, dans sa relation, a donné leur alphabet, et jusqu'ici les recherches des savants n'ont amené aucun résultat; il est probable cependant que ces caractères sont ceux qu'employaient autrefois les Phéniciens.

Belma, la capitale des Tibbous, est une espèce de ville ceinte de murailles et entourée de nombreux lacs d'où l'on tire une quantité considérable de sel, principal objet de commerce avec le Soudan. A un mille de cette ville est une petite oasis d'une riche verdure; c'était la première trace de végétation remarquée par les voyageurs depuis leur entrée dans le désert, où les difficultés sont toujours les mêmes.

« Nous avions, dit Denham, à traverser des dunes de sable fin et mobile, dans lesquelles les chameaux enfonçaient presque jusqu'aux genoux. En voyageant dans ces déserts, où les collines disparaissent en une seule nuit, et où tout vestige même d'une caravane considérable s'évanouit en quelques heures, les positions des sombres chaînes de collines de grès, qui de temps en temps élèvent leur sommet au milieu de cet océan de sable, et y offrent la seule variété de perspective, servent aux Tibbous à diriger leur marche; nous pénétrâmes dans des sables formés en collines hautes de vingt à soixante pieds, aux flancs presque perpendiculaires; nos chameaux faisaient des faux pas et tombaient avec leurs charges pesantes. Pour descendre ces collines, il fallait prendre les plus grandes précautions. Les conducteurs se suspendent de toute leur pesanteur à la queue des animaux; sans cela les chameaux tomberaient en avant, et leur charge passerait par-dessus leur tête. »

Après une quinzaine de jours de marche, la terre se couvrait insensiblement de végétation; des touffes d'herbes se montraient çà et là; on apercevait de petites vallées arrosées de sources où les gazelles venaient se désaltérer; puis ces vallées devenaient plus gaies et plus verdoyantes; les tiges grimpantes du tellok et les fleurs rouges du kossum animaient les jolis paysages; le chant des oiseaux, la fraîcheur de l'air embaumé par l'odeur aromatique des plantes, tout enfin dans ces lieux formait un contraste frappant avec les arides solitudes que les voyageurs venaient de quitter.

En approchant du territoire du Soudan, les Anglais commencèrent à remarquer les pillages réciproques exercés par les gens de la caravane et les naturels; un messager envoyé au sultan du Bornou fut dépouillé, et l'on trouva son corps pendu à un arbre. D'un autre côté, quand la caravane approchait d'un village, les habitants se hâtaient de prendre la fuite avec ce qu'ils pouvaient emporter; les Arabes les poursuivaient, et malheur à ceux qu'ils pouvaient joindre! Denham vit un parti de ces fuyards atteint par les Arabes, et jamais il ne fut témoin d'un pillage aussi rapidement exécuté. En quelques secondes, les chameaux furent déchargés, et tout le monde fut complétement dépouillé.

La caravane, dont la marche était plus rapide, arriva bientôt dans la province de Kanem, la plus septentrionale du Bornou, et fit halte à Lari, ville de deux mille habitants, située sur le bord du lac Tchad. Cette ville est composée de l'agglomération d'une multitude de cabanes de jonc, de forme conique et ressemblant assez à des meules de grains.

Enfin les Anglais étaient parvenus à ce fameux lac Tchad, à cette mer intérieure mentionnée par les anciens, indiquée par Horneman, Ritchie, Lyon, d'après les récits des habitants, mais qui n'avait encore été vue par aucun Européen. Pendant que la caravane prenait du repos, Denham y fit une excursion qu'il raconte ainsi : « Au lever du soleil, j'étais sur les bords du lac, armé pour la destruction des bandes nombreuses d'oiseaux, qui, ne se doutant nullement de mes projets, semblaient se réunir exprès pour célébrer mon arrivée. Je voyais à demi-portée de pistolet des troupes d'oies et de canards du plus beau plumage, qui cherchaient tranquillement leur pâture. Lorsque je m'avançais à travers ces troupes ailées, une simple évolution les faisait passer de droite à gauche sans qu'elles soupçonnassent aucune hostilité. Ce spectacle était si nouveau pour moi, que je m'assis pour le contempler à loisir : je me faisais un scrupule d'abuser de la confiance que ces créatures inoffensives me témoignaient. Des pélicans, des grues de quatre à cinq pieds de haut, grises, blanches ou de couleurs mélangées, se promenaient à quelques toises de moi; des spatules de la plus haute taille, des fouas, des sarcelles, des pluviers à jambes jaunes, et d'autres espèces qui m'étaient inconnues, se jouaient sous mes yeux à la surface des eaux; il me fallut du temps pour me résoudre à troubler par un coup de fusil l'heureuse tranquillité des habitants du lac. »

La caravane suivit les bords du lac pendant deux jours, et s'arrêta à Wendy, premier village où la population est entièrement noire, pour attendre le retour d'un messager envoyé au cheik de Bornou. Voici pourquoi on s'adressait à lui plutôt qu'au sultan: vingt ans auparavant, ce royaume avait été envahi et totalement dévasté par les Fellatahs; le peuple nourrissait toujours l'espoir de se venger.

Le cheik actuel, né à Wendy, dans une condition obscure, mais doué de talents éminents et d'une rare énergie, rallia autour de lui une troupe assez nombreuse, arbora l'étendard vert de Mahomet, et attaqua les étrangers; six mois suffirent pour les expulser complétement. Le sauveur du pays, adoré de son armée, pouvait s'emparer de l'autorité; mais, retenu par le respect religieux de ces peuples pour leurs souverains légitimes, il se contenta de partager avec lui; le sultan conserva son titre et les honneurs dus à son rang, tandis que le cheik, sous ce simple nom, exerçait réellement tout le pouvoir.

Le cheik ayant accordé l'autorisation de visiter Kouka, sa résidence, la caravane se remit en route et traversa le Yeou, petite rivière, mais qui aux yeux des Anglais était d'une haute importance. Denham supposait que c'était le Niger, venant de Tombouctou. Cette rivière, large de soixante verges, se jette à l'est du lac. Pour faciliter le passage, on a établi deux larges canots construits en planches grossières et attachés avec des cordes; ces canots servent aux hommes et aux marchandises; les chameaux passent la rivière à la nage. Voici comment Denham raconte son entrée à Kouka : « Je cheminais à une petite distance de Bou-Kaloum; tous ses Arabes étaient à cheval et en grande tenue; la forêt dans laquelle nous étions était si épaisse, que je les perdis de vue; à un endroit où les arbres étaient moins serrés et bornaient moins la vue, je ne fus pas peu surpris en apercevant quelques milliers d'hommes à cheval, et qui occupaient à droite et à gauche un espace dont je ne découvrais point les limites. Ces cavaliers étaient en ligne, et aucun d'eux ne quittait son rang; des officiers donnaient des ordres et maintenaient la discipline; j'arrêtai mon cheval, et j'attendis, à l'ombre d'un mimosa, l'arrivée de nos Arabes, qui étaient à quelque distance. Dès que les troupes du cheik les aperçurent, un cri ou plutôt un hurlement général retentit au loin, et de grossiers instruments de musique augmentèrent encore le vacarme. Toute cette cavalerie

s'ébranla et vint au-devant de Bou-Kaloum. Je la vis se former en pelotons et exécuter des manœuvres qui m'étonnèrent par leur précision : en un moment, nous fûmes entourés par ces petits corps, qui s'étaient portés avec une extrême rapidité sur nos flancs et derrière nous, brandissant leurs lances au-dessus de leurs têtes, et criant : *Barca! barca! alla kiakum, cha! alla cheraga!* Bénédiction! bénédiction! enfants de votre pay.
Le cercle formé autour de nous se resserrait de plus en plus, et devint enfin si étroit, qu'il nous était impossible de remuer : le chef de notre escorte était furieux; mais que pouvait-il faire? On ne l'eût point entendu au milieu des cris de tous ces hommes qui nous souhaitaient la bienvenue; tout mouvement lui était interdit par ces lances agitées en tous sens et qui menaçaient continuellement nos têtes et nos chevaux. Heureusement cette pénible situation ne fut pas de longue durée; le signal de notre délivrance fut donné par Barca-Gana, général en chef des troupes du cheik, nègre de belle apparence, en habits de soie, et monté sur très-beau cheval. Le cercle s'élargit autour de nous, et il nous fut possible de faire quelque mouvement, mais lentement, parce que nous étions pêle-mêle avec ces rudes cavaliers, qui se trouvaient partout sur notre passage.

« La garde du cheik est une troupe d'élite choisie parmi les plus braves. Ces guerriers portent des cottes de mailles en fer, quelques-uns ont aussi des casques du même métal; leurs cottes de mailles sont ouvertes par derrière, et prolongées de chaque côté sur les flancs du cheval. On est surpris de retrouver au centre de l'Afrique presque toutes les pièces de l'ancienne armure des chevaliers et du cheval avant les changements opérés dans l'art de la guerre par l'invention de la poudre. »

Le lendemain, Denham remit au cheik les présents que le roi d'Angleterre lui envoyait; il fut émerveillé de leur richesse, et surtout flatté du souvenir du roi. « Voilà ce que c'est, dit-il en se tournant vers ses courtisans, d'avoir détruit les Bégharmés. » Aussitôt l'un d'eux se plaça devant les étrangers. « Le sultan d'Angleterre, dit-il, a-t-il entendu parler de moi? — Certainement, » répondirent les Anglais; alors toute l'assistance de s'écrier: « Votre roi doit être un grand homme! »

Le cheik, ayant su que Denham parlait l'arabe, eut avec lui de fréquents entretiens; il faisait des questions sur les mœurs et les usages d'Europe, en montrant un esprit bien supérieur à celui des nègres. Cette espèce de familiarité servit beaucoup aux Anglais; Denham en profita pour demander d'être présenté au sultan; il partit avec Ben-Kaloum, qui allait à Birnia, résidence du souverain, à six lieues de Kouka. Aussitôt après leur arrivée, ils obtinrent une audience, et d'abord on leur servit un repas de soixante-dix plats suffisant pour quatre cents personnes; les mets consistaient en volailles et moutons bouillis, rôtis et dépecés. Avant midi, on les conduisit en présence de cette ombre de souverain; sa cour était assemblée; environ trois cents hommes étaient accroupis devant lui, en lui tournant le dos.

« Il était, dit Denham, dans une espèce de cage, près de l'entrée de son jardin; à une certaine distance, le lieu qu'il occupait paraissait couvert d'une étoffe de soie. Les courtisans formaient un demi-cercle, qui s'étendait jusqu'au point où nous attendions que le maître des cérémonies nous conduisît plus près de Sa Majesté noire. Rien de plus grotesque que quelques-unes des figures que nous avions sous les yeux. On amuse le prétendu souverain en se prêtant à ses extravagances; il n'admet à sa cour que ceux qui se font remarquer par un gros ventre et une grosse tête; l'infortuné courtisan que la nature n'a point gratifié de cette conformation privilégiée est réduit à se la procurer par des moyens artificiels. Dans les promenades à cheval, on voit des ventres rembourrés se projeter avec grâce sur le pommeau de la selle : une douzaine de chemises de différentes couleurs augmentent encore cette apparence d'embonpoint; la tête est enveloppée d'une énorme quantité de linge, ordinairement blanc, et de cette manière on lui donne une grosseur monstrueuse. Le turban est garni d'amulettes renfermées dans un petit sac de cuir rouge; le cheval est encore mieux pourvu, car il les porte sur le cou, sur la tête et tout autour de la selle. Voilà tout ce que je vis de ce fameux sultan. »

Avant de raconter les différents événements qui ont marqué ce voyage, il convient de donner quelques détails sur le Bornou et ses habitants. Le Bornou forme une plaine de deux cents milles carrés, à peu près, dont la longueur s'étend dans l'intérieur, et dont la largeur est appuyée sur les bords du lac Tchad. Cette grande mer intérieure offre dans les deux saisons de l'année un aspect tout différent : quand viennent les pluies, les rivières y versent une grande quantité d'eau qui couvre une immense étendue de terrain; lorsque l'eau se retire, le terrain fertilisé produit des herbes épaisses qui atteignent la hauteur d'un homme, et qui servent de retraite à une foule de bêtes sauvages, de lions, de panthères, d'hyènes, d'éléphants et de serpents d'une grosseur prodigieuse; tranquilles pendant la saison sèche, où ils ne sont troublés que par leurs antipathies mutuelles, ces animaux sont forcés de se retirer devant l'inondation; ils se répandent alors dans les campagnes voisines, attaquent le bétail et les hommes; et souvent on les a vus pénétrer dans les villages en bandes nombreuses. Les inondations rendent la terre extrêmement fertile; elle donne d'abondantes récoltes à ceux qui ont des esclaves pour la cultiver. Les procédés de cette culture sont très-simples. Cependant les peuples du Bornou possèdent des manufactures, et fabriquent des étoffes de coton ou tobé d'une grande finesse, quoiqu'elles soient moins belles et moins bien teintes que celles du Soudan. Mais ils ne savent pas travailler le fer, qui est d'un si grand usage chez les peuples guerriers. Les Bornouens ont la conformation extérieure et les traits des nègres; ils sont paresseux, simples, de bon naturel, mais sans aucune connaissance intellectuelle. Ceux qui peuvent lire le Koran sont appelés *fighis* ou docteurs; le cheik est au nombre de ces savants. On appelle *grand écrivain* celui qui est capable d'écrire quelques mots sur un morceau de papier, profession du reste fort lucrative, ces papiers formant des talismans auxquels, comme on sait, ils attachent une grande importance.

Privés de tous les plaisirs propres aux nations civilisées, les habitants du Bornou se livrent avec passion aux luttes et à tous les exercices qui demandent de la force. Les chefs ne prennent point part à cet amusement, mais ils font battre leurs esclaves et attachent un grand prix à la victoire. Les femmes, même celles d'un rang élevé, se livrent entre elles à des luttes d'un autre genre : après avoir fait dans l'arène différentes contorsions, elles se rapprochent dos à dos et essaient mutuellement de se renverser. Là il faut plus d'adresse que de force; celle qui tombe est vaincue, et la foule couvre d'applaudissements celle qui reste debout.

Un séjour de quelques semaines à Kouka fit découvrir les vrais motifs qui avaient déterminé le pacha de Tripoli à fournir à nos voyageurs une escorte nombreuse. Bou-Kaloum était chargé de négocier une grazzie à frais communs avec le cheik. Quoique celui-ci ne se prêtât pas volontiers à ces expéditions atroces, il consentit cependant à fournir un corps de trois mille pillards, dont il confia le commandement à son général favori, Barca-Gana, esclave né dans le Soudan, et qui était encore esclave, malgré son grade. Denham fit partie de cette expédition; nous lui empruntons son récit, plein d'un intérêt dramatique.

« Dans cette partie de l'Afrique, les chefs militaires mènent avec eux un certain nombre de serviteurs à cheval ou à pied. Quelques-uns de ces hommes contribuaient à nous tenir réunis et à rendre la marche plus facile et plus régulière. Barca-Gana faisait marcher derrière lui cinq cavaliers, dont trois portaient une espèce de tambour pendu à leur cou, et sur lequel ils frappaient de temps en temps pour accompagner des chants improvisés; le quatrième avait une petite flûte de roseau, et le cinquième, une corne de buffle, dont il tirait un son grave et retentissant lorsque nous passions dans un bois. Mais ceux qui nous rendaient le plus de services, c'étaient une douzaine de chasseurs à pied qui ouvraient la marche, servant à la fois de guides, de pionniers, de sapeurs; ils étaient armés de longues fourches, dont ils se servaient avec beaucoup d'adresse pour saisir les branches d'arbres qui auraient embarrassé le passage, les détourner et les disposer de telle sorte qu'elles ne pussent nous incommoder; sans leur secours, la route eût été presque impraticable. Leurs cris d'avertissement ne nous étaient pas moins utiles que leur travail; en voici quelques-uns : « Prenez garde aux trous.—Écartez les bran-

ches. — Passez par ici. — Éloignez-vous du tulloh.
— Ses branches sont comme des lances, pires que
des lances. — Attention! — Barca-Gana est comme
le bruit de la foudre dans un combat. — Barca-
Gana nous conduit au Mandara, et ensuite chez
les Kerdies. — Bientôt nous combattrons à coups
de lance. — Qui est notre chef? — C'est Barca-Gana.
— Voici la place d'une mare, mais il n'y a point
d'eau. — Gloire à Dieu! Dans un combat, Barca-
Gana répand la terreur auprès de lui comme un
buffle en fureur.

« Lorsque nous fûmes à un mille de Mora, capitale du Mandara, nous aperçûmes le sultan entouré d'une troupe de cavalerie qui pouvait être
de cinq cents hommes. Elle occupait un tertre où
elle se disposait à nous recevoir, lorsque Barca-
Gana nous fit faire halte; quelques détachements
firent mine d'attaquer de front la troupe du sultan,
et par une évolution rapide de les prendre à dos.
Les soldats du Mandara étaient très-bien vêtus;
leurs habits bleu-foncé, rayés de jaune et de rouge,
faisaient un bel effet. Il étaient coiffés d'amples
turbans blancs ou de couleur obscure; nous fûmes
frappés de la beauté de leurs chevaux, qui, pour
la grandeur et pour la force, étaient supérieurs
à tous ceux du Bornou. Les cavaliers étaient fort
habiles et manœuvraient avec une grande précision. La garde du sultan était composée de ses
trente fils, en habits de soie et très-bien montés. Les schabraques de leurs chevaux étaient des
peaux de panthères qui pendaient de chaque côté.
Lorsque nos détachements eurent repris leur

poste, nous approchâmes au galop de la troupe du sultan. Les pourparlers commencèrent alors, et Bou-Kaloum ayant expliqué l'objet de sa visite, nous allâmes reprendre notre position, tandis que le sultan rentrait dans la ville, précédé d'une musique guerrière composée d'instruments ornés de coquilles, assez semblables à des clarinettes, et d'énormes trompettes embouchées par des hommes à cheval; ces trompettes gigantesques étaient un assemblage de pièces de bois creusées et ajustées les unes dans les autres, avec une embouchure de cuivre; elles n'avaient pas moins de quatorze pieds de long; leur son n'était pas désagréable.

« Autour du Mora, toutes les hauteurs étaient chargées de villages kaffirs, sur lesquels Bou-Kaloum et ses Arabes jetaient des regards avides, en se disant les uns aux autres: « Voilà ce qu'il nous faut; » mais les chefs du Mandara n'étaient pas disposés à permettre que l'on chassât sur leurs terres, et que l'on fit une *battue* dans les meilleures *réserves*. Cependant des forces aussi nombreuses, bivouaquant dans la vallée, répandirent la consternation parmi les malheureux villageois; on en vit qui prirent la fuite, et d'autres vinrent à Mora, apportant des présents et suppliant qu'on les épargnât.

« Les habitants de Mosgou envoyèrent au sultan un présent de deux cents des leurs et de cinquante chevaux. Trente cavaliers furent chargés d'apporter cette offrande; leurs chevaux étaient petits, vifs et très-bien faits. La figure et l'accoutrement de ces hommes étaient des plus extraordinaires; je les vis sortir du palais du sultan; ils se prosternèrent et jetèrent du sable sur leur tête, en poussant les cris les plus lamentables. Ces cavaliers, tous chefs de tribus ou de villages, portaient pour unique vêtement une peau de chèvre ou de panthère jetée sur l'épaule gauche, et dont la tête couvrait leur poitrine; le reste enveloppait le milieu du corps jusqu'aux cuisses. La peau de la queue et des pattes avait été conservée; l'ample chevelure laineuse, ou plutôt hérissée, qui leur couvrait tout le front, était surmontée d'un bonnet de peau de chèvre, ou d'un animal du genre du renard; leurs bras et leurs oreilles étaient ornés d'anneaux, dont je ne pus reconnaître la nature; chacun d'eux portait soit un fusil, soit plusieurs colliers de dents que l'on me dit être celles des ennemis qu'ils avaient tués dans les combats; des dents et diverses pièces en os étaient aussi attachées à leur bonnet et à des mèches de leur chevelure; ils avaient ajouté à cette parure des taches rouges semées sur différentes parties de leur peau noire et une teinture rouge appliquée sur leurs dents; cet ensemble vraiment effrayant était le modèle le plus accompli de l'homme dans le dernier état de barbarie, que nous appelons sauvage. »

L'armée quitta bientôt la Mandara, et, se dirigeant au sud, elle gagna les pics d'une chaîne de montagnes qui est, sans aucun doute, une branche des montagnes de la Lune. En attaquant quelques villages fellatahs, les soldats du Bornou éprouvèrent quelque résistance; il en fallut venir à un combat, dans lequel Bou-Kaloum reçut une flèche empoisonnée : on l'emporta mourant du champ de bataille, et l'armée prit la fuite dans toutes les directions. Denham courut de grands périls; laissons-le raconter lui-même les détails de sa triste aventure. « Mon cheval était blessé à l'épaule et à la jambe gauche de derrière; dans la rapidité de ma fuite, il chancela et tomba. A peine m'étais-je relevé, que les Fellatahs arrivèrent sur moi; heureusement je n'avais pas lâché la bride; je pris un pistolet dans les poches, et je le présentai à deux de ces farouches sauvages. L'un eut peur et se retira; mais l'autre, s'avançant plus audacieusement, au moment où j'essayais de remonter à cheval, reçut la charge dans l'épaule, ce qui me permit de me remettre en selle et de continuer ma retraite; je n'avais parcouru encore que quelques centaines de pas, que mon cheval s'abattit de nouveau avec une telle violence, qu'il me jeta contre un arbre à une grande distance; il se releva promptement et s'échappa, me laissant à pied et désarmé. Dans un clin d'œil je fus entouré et incapable de faire la moindre défense. Bientôt je fus complétement dépouillé; ayant essayé de sauver d'abord ma chemise, puis mon pantalon, je fus jeté à terre, je reçus plusieurs coups de lance, et j'attendais la mort. Je crois que ce qui empêcha les Fellatahs de me massacrer, ce fut la crainte de gâter mes vêtements, qui leur parurent un riche butin.

« Ces sauvages ayant commencé à se disputer

pour mes dépouilles, je me glissai sous le ventre du cheval le plus près de moi, puis, me relevant, je m'élançai de toute la vitesse de mes jambes dans la partie la plus touffue du bois, où deux Fellatahs me poursuivirent. Mes forces m'avaient presque abandonné, quand j'aperçus un torrent qui coulait au fond d'une ravine profonde; j'empoignai les jeunes branches qui avaient poussé sur un vieux tronc d'arbre suspendu au-dessus de la ravine, avec le projet de me laisser glisser jusqu'à l'eau. Déjà les branches cédaient au poids de mon corps, lorsque sous ma main un grand lina, le serpent le plus venimeux de ces contrées, sortit de son trou comme pour me mordre. L'horreur dont je fus saisi bouleversa mes idées; les branches se dérobèrent de ma main, et je fus culbuté dans l'eau. Cependant ce choc me ranima, et trois mouvements de mes bras me portèrent au bord opposé, sur lequel je gravis avec difficulté. Alors seulement je sentis que j'étais à l'abri des poursuites de l'ennemi. Je découvris à travers les arbres quelques cavaliers à l'est, et je reconnus avec joie Barca-Gana, Bou-Kaloum et les gens de sa suite, vivement poursuivis par un parti de Fellatahs. Mon domestique nègre, m'ayant aperçu, fit avancer son cheval vers moi, et m'aida à monter en croupe, pendant que les flèches sifflaient autour de nous; puis nous gagnâmes au galop l'arrière-garde de la troupe. Quand nous eûmes couru ainsi près de deux milles, et que la poursuite se fut un peu ralentie, tout le bagage ayant été abandonné, nous arrivâmes heureusement sur les bords d'un torrent, car je crois que sans cela je n'aurais pas pu supporter la soif ardente qui me dévorait; les chevaux, dont les narines dégouttaient de sang, se précipitèrent dans l'eau; je m'agenouillai au milieu de ces animaux; il me sembla que les nombreuses gorgées d'eau que j'avalais me rendaient une nouvelle vie. Je n'ai nul souvenir de ce qui suivit, Maramy (son nègre) m'ayant raconté qu'après avoir traversé d'un pas chancelant le torrent, qui ne m'allait qu'aux hanches, je tombai au pied d'un arbre de l'autre côté.

« On fit une halte d'un quart d'heure, pendant laquelle je m'endormis profondément. A mon réveil, mes forces étaient revenues; j'appris que, durant mon sommeil, il y avait eu une conversation à mon sujet, entre Maramy et Barca-Gana. Mon nègre ayant représenté au général l'impossibilité de nous tenir deux sur un cheval qui pouvait à peine marcher, Barca-Gana, irrité de sa défaite et de sa fuite, répondit : « Laissez-le en arrière! Par la tête du Prophète! assez de croyants ont aujourd'hui rendu le dernier soupir! Qu'y a-t-il d'extraordinaire à la mort d'un chrétien? » Un de ses courtisans dit : « Non, Dieu l'a sauvé, ne l'abandonnons pas. » Maramy répliqua : « Mon cœur me dicte ce que je dois faire. » Il me réveilla, m'aida à monter à cheval, et nous marchâmes comme auparavant, mais au trot.

« Il était plus de minuit quand nous fîmes halte sur le territoire de Mandara. On peut imaginer quel fut pour moi le résultat d'une course dans laquelle j'avais parcouru trente-sept milles sans vêtements, sur la croupe d'un cheval maigre; toute la nuit mon état fut déplorable : quoique l'irritation de la chair meurtrie fût augmentée par la couverture pleine de vermine qu'on avait jetée sur moi, ce ne fut que le lendemain soir que je pus me procurer une chemise. Un homme qui en possédait deux, qu'il avait portées chacune pendant une dizaine de jours au moins, m'en donna une à condition que je lui en rendais une neuve à Kouka. J'avais à peine la force de me tourner d'un côté sur l'autre : excepté les intervalles pendant lesquels mon ami Maramy m'apportait une boisson faite d'orge grillé, pilé et infusé dans l'eau, ce qui me faisait grand bien, je passai à dormir sous un arbre toute la nuit et la journée suivante. Le soir, étant très-mal à mon aise, je reçus une preuve touchante du bon cœur d'un Bornouen.

« Étant sorti de ma retraite pour quelques minutes, Maï-Migamy, sultan détrôné d'un pays voisin, aujourd'hui sujet du cheik, me prit par la main, et avec de nombreuses exclamations de douleur et le visage affligé, il me conduisit à sa tente de cuir; s'asseyant aussitôt, il se dépouilla de son pantalon, et insista pour que je m'en revêtisse. Je fus singulièrement touché de cette marque inattendue d'amitié de la part d'un homme que j'avais à peine vu; mais il fut bien plus affecté que moi, quand je refusai d'accepter son offre : il versa des larmes en abondance, supposant, ce qui était vrai, que je croyais qu'il me proposait le seul pantalon qu'il eût; il appela un esclave, et lui ôtant son pantalon, qu'il mit, il insistait pour que je prisse celui qu'il m'avait d'abord montrer. J'acceptai, et je le remerciai sincèrement.

« Deux jours après, nous partîmes, et le 6 juin nous avions parcouru les cent quatre-vingts milles qui nous séparaient de Kouka. Tel fut le résultat de cette déplorable expédition où je perdis une foule d'objets dont la perte était irréparable; mais enfin je conservai la vie. »

Bou-Kaloum était mort avant d'arriver sur le territoire du Mandara; il fut vivement regretté de ses gens.

Le cheik, affligé du résultat de cette expédition et de l'échec reçu par ses troupes, qui s'étaient tristement montrées, voulut prendre sa revanche. Il invita le major à le suivre dans une campagne contre les Mungas, tribu rebelle, contre laquelle il voulut employer ses meilleures troupes, les archers du Kanembou, pour rétablir la réputation militaire de son pays. Denham accepta avec empressement cette offre, qui allait lui permettre de visiter des contrées encore inexplorées. Le cheik se mit en route avec une suite nombreuse et brillante. Le chemin qui côtoyait les bords de la rivière Yeou traversait un pays agréable et fertile, mais offrant partout les traces de la désolation, suite des guerres; plusieurs villes même étaient complétement inhabitées, les malheureux habitants avaient été conduits en esclavage par les Fellatahs. On arriva au vieux

Birnie, ancienne capitale du royaume, dont les ruines couvraient une étendue de six milles; puis à Gambarou, ancienne résidence favorite des sultans. Denham y vit deux mosquées qui lui démontrèrent que la civilisation avait été plus avancée dans ces pays qu'elle ne l'était alors, et qu'elle ne l'est sur aucun point de l'Afrique centrale. Ils rencontrèrent des villages isolés, où les habitants demeurent par amour du sort natal, quoiqu'ils soient constamment exposés aux attaques fréquentes des Touariks; leur unique moyen de défense consiste à creuser dans la terre des fosses profondes, nommées *blaquas*; ils les recouvrent de gazon ou de terre avec tant d'art, que les cavaliers ennemis y marchent sans défiance, et tombent dans les fosses, où ils trouvent la mort sur des pieux aiguisés qui sont au fond. Denham manqua d'éprouver le même sort, et ce fut en frémissant qu'il s'aperçut que, par hasard, il avait arrêté son cheval à un pied d'une de ces fosses.

La troupe arriva enfin sur les lieux qui allaient être le théâtre de la guerre. C'était à Kabshary, ville récemment détruite par les Mungas, que les Kanembous s'étaient réunis. Le cheik, dès son arrivée, se mit à leur tête. « Il montait, dit Denham, un superbe cheval. Les Kanembous se formèrent en colonnes serrées, au nombre de neuf mille, et il donna le signal du départ. Tous s'ébranlèrent à la fois en poussant des cris, des hurlements tels que je n'en entendis jamais. Ils n'avaient point d'autre vêtement qu'un ceinturon de peau de chèvre ou de mouton, avec le poil en dehors, et quelques *goubhas* (bandes de toile qui servent de monnaie dans le pays) qui leur ceignaient la tête, et venaient se rattacher sous le nez. Leurs armes consistaient en une lance, un bouclier, et un poignard attaché au poignet gauche par un anneau, et dont la pointe était dirigée vers l'épaule. »

En approchant du lieu où le cheik était placé, ils mettaient leurs chevaux au galop, puis, après avoir frappé leurs boucliers avec leurs lances, ce qui faisait un bruit étourdissant, ils défilaient, et allaient se former un peu plus loin, en attendant leurs compagnons qui exécutaient la même manœuvre.

Les Mungas, de leur côté, étaient représentés comme de terribles antagonistes, aguerris par leurs fréquents combats avec les Touariks. Ils n'ont pour armes que des flèches empoisonnées, dont la blessure est mortelle.

Le cheik comptait sur un autre moyen de succès; plein de confiance dans sa qualité de docteur et d'écrivain musulman, il passa plusieurs nuits à écrire des mots qui devaient, disait-il, exercer une puissante influence sur ses ennemis. Cette magique influence fut terriblement augmentée par la frayeur que produisit sur eux la vue de fusées volantes lancées par Denham. Ces farouches guerriers, qui n'avaient jamais reculé devant l'ennemi, ne purent résister à leurs idées superstitieuses; on les voyait venir par bandes nombreuses se prosterner et placer du sable sur leur tête en signe de soumission. Leur chef, jugeant que la défense était inutile, les imita et vint, monté sur un cheval blanc. Arrivé près du cheik, il mit pied à terre, se prosterna et plaça du sable dans ses cheveux. Mais le cheik le releva et lui donna un beau tobé et un turban égyptien, qui, lui enveloppant cinq ou six fois la tête, ne lui laissait aucune apparence humaine. Par cette généreuse conduite, le cheik gagna les cœurs de ceux qu'il était venu combattre, et cette sage politique empêcha toute résistance de cette tribu formidable, qui désormais allait servir à augmenter sa puissance.

Denham à peine de retour, et toujours infatigable dans ses explorations, résolut de visiter le Chari, grande rivière qui traverse le royaume de Loggoum, et qui se jette dans le lac Tchad; il partit le 23 janvier 1825, avec M. Toole, jeune volontaire tout récemment arrivé de Tripoli pour se joindre à ses compatriotes. Ils atteignirent la rivière, qui leur parut large de deux milles et courant avec une rapidité de trois milles à l'heure; ils la descendirent jusqu'à son embouchure : ses bords offraient de magnifiques paysages; des buissons et des plantes aux couleurs les plus variées et aux parfums aromatiques reposaient agréablement la vue. Les voyageurs jouirent deux fois de ce délicieux spectacle, car ils remontèrent le courant jusqu'à la capitale du Loggoum. C'est une belle ville avec une grande place, entourée de maisons ayant des façades en arcades. Denham se rendit au palais pour visiter le souverain; il fut conduit à travers plusieurs appartements sombres dans une cour spacieuse et couverte d'herbes; à l'extrémité était un treillage ouvert; il aperçut une pile de robes de soie reposant sur un tapis, et au milieu deux grands yeux étincelants lui prouvèrent qu'il était devant le sultan. Aussitôt les acclamations s'élevèrent, les from-from (espèce de trompettes) retentirent, et tous les assistants se prosternèrent en mettant du sable sur leur tête. Le bruit ayant cessé, le sultan, d'une voix à peine sensible, suivant l'usage de sa cour, demanda au major ce qui l'amenait à Loggoun, et lui dit que, si c'était pour acheter des esclaves, il en avait quelques centaines qu'il lui offrait à juste prix. La conférence en resta là.

Le peuple de Loggoun est plus avancé dans la pratique des arts qu'aucun autre de l'Afrique; se tenant toujours dans une sûre neutralité, il n'a pris aucune part aux guerres qui ont désolé les contrées voisines, et a pu se livrer à l'industrie. Les étoffes y sont supérieures à celles de Bornou; il y a une monnaie courante, et que l'on ne voit pas à Bornou: ce sont de petits morceaux de fer qui ont la forme d'un fer à cheval. Les femmes y sont intelligentes et d'une extrême effronterie; elles entourèrent le major, fouillant dans toutes ses poches, et souvent prenant ce qui leur tombait sous la main. Prises sur le fait, loin de paraître fâchées, elles éclataient de rire, et se disaient entre elles : « Oh! comme il est fin; voyez comme il nous a attrapées! » Le sultan et l'un de ses fils, ayant des démêlés entre eux, vinrent chacun de son côté demander à Denham un poison dont l'effet fût certain, chacun désirant l'administrer à son ennemi.

Le Loggoun est une contrée abondante en grains et en bestiaux, agréablement variée par des forêts d'acacias et des buissons de jolis arbrisseaux; mais on y est exposé à un très-grand inconvénient: ce sont des myriades d'insectes qui remplissent tellement l'atmosphère, que l'air en est obscurci; leurs piqûres occasionnent la fièvre, et l'on a vu des enfants en mourir. Les naturels s'en préservent en habitant des caveaux obscurs, construits de telle sorte qu'il y en a cinq ou six à la file; c'est dans le dernier qu'ils se retirent. Denham ayant eu le malheur de perdre son compagnon M. Toole, revint à Kouka, où il passa toute la saison des pluies.

Le 20 mai, Denham reçut avec empressement un de ses compatriotes, M. Tyrwhit, envoyé par le gouvernement, et quelques jours après les deux voyageurs se joignirent à une expédition destinée à agir contre une tribu d'Arabes Chouâa connue sous le nom de La-Sala, race de bergers qui habite des îles sur les bords sud-est du grand lac. Barca-Gana commandait un corps d'un millier d'hommes, qui fut renforcé de quatre cents hommes de la tribu de Dugganah également Chouâa, mais ennemis des premiers. Ces hommes sont les plus beaux de toute l'Afrique; ils vivent sous des tentes et changent souvent de campement; ils sont dans l'abondance presque sans travail. Ils expriment toutes leurs sensations par des chansons improvisées. Les mœurs simples et patriarcales de ces Arabes rappellent celles des temps les plus anciens mentionnés par l'histoire. Tahr, leur chef, ayant questionné Denham sur les motifs de son voyage, lui dit : « Tu es depuis trois ans hors de ta tente; et tes yeux ne se sont pas fatigués en regardant le nord vers lequel toutes tes pensées doivent être tournées! Si mes yeux étaient huit jours sans voir ma femme et les enfants de mon cœur, ils verseraient des torrents de larmes avant de se fermer pour le sommeil. » Et en prenant congé de lui, son dernier souhait fut : « Puisses-tu mourir sous ta tente dans les bras de ta femme et de tes enfants! » Le vœu naïf de ce bon Arabe se réalisa. Denham, presque seul de tous les explorateurs de l'Afrique, a revu sa patrie, et en se rappelant la mort cruelle des Horneman, des Park, des Ritchie, des Oudney, des Clapperton, des Laing, des Lander et de tant d'autres, il a dû plus d'une fois songer au vieux Tahr et à ses derniers adieux.

Barca-Gana ne fut pas heureux; il attaqua les La-Salas retranchés dans une île, et fut contraint de se retirer; ce qui contraria Denham, qui perdait là une occasion favorable pour enrichir son voyage de curieuses observations.

Avant de reprendre la suite du récit, il convient de citer une anecdote concernant Barca-Gana, et que le major, témoin de l'événement, raconte ainsi : « Barca-Gana, dit-il, général des armées, favori de son maître, qui se plait à le combler d'honneurs, gouverneur de six grandes provinces, esclave qui possède cinquante femmes esclaves et un nombre double d'hommes esclaves, Barca-Gana vient de recevoir une forte leçon. Dans une distribution de présents que le cheik faisait aux chefs, il envoya par erreur à Barca-Gana un cheval qu'il avait promis à un autre, et le fit réclamer. Le général fut si offensé, que dans sa colère il envoya au cheik tous les chevaux qu'il en avait reçus; déclarant qu'à l'avenir il irait à pied, ou ne monterait que des chevaux qui fussent à lui. Ce cheik, irrité à son tour, envoya saisir l'audacieux esclave, et le fit amener en sa présence; il fut dépouillé, et une ceinture de cuir fut mise autour de ses reins. Son maître lui reprocha son ingratitude, et, lui rappelant qu'il n'avait point cessé d'être esclave, il ordonna qu'il fût vendu aux marchands de Tibbou. L'infortuné reconnut sa faute, et, tombant à genoux devant son maître, il ne lui demanda rien pour lui-même, mais il intercéda pour ses femmes et ses enfants, et supplia le cheik de pourvoir à leurs besoins. Le jour suivant, tout étant disposé pour l'exécution de la fatale sentence, les Kaganaonahs (mameluks noirs) et les chefs des Arabes Chouâas, qui composent la garde du cheik, tombèrent à ses pieds et le supplièrent de pardonner. Tous cependant avaient plus ou moins à se plaindre des procédés de l'orgueilleux Barca-Gana. En ce moment, le condamné vint faire ses adieux. Le cheik s'assit, pleurant comme un enfant, et souffrit que Barca-Gana vint jusqu'à lui et qu'il embrassât ses genoux. « Vous êtes tous mes enfants! » dit-il aux chefs et à l'esclave repentant, qui obtint sa grâce. Ce prince, cité dans tout l'Orient pour sa bravoure, ses mœurs simples et ses vertus, n'est pas moins chéri de ses sujets que les souverains les plus populaires des nations civilisées. Cette journée de grâce finit par des réjouissances publiques, le bruit des tambours, les cris des Kanembous qui circulaient dans les rues en frappant sur leurs boucliers, Barca-Gana qui parcourait le camp à la tête des chefs, revêtu d'une robe neuve et d'un riche burnous, tout annonçait la joie du peuple et celle des soldats.

Tandis que Denham parcourait ainsi en différentes directions le Bornou et les contrées voisines, Clapperton et Oudney prenaient la route du Soudan, sous la conduite d'un marchand très-considéré et choisi par le cheik lui-même. Ce fut à Meurmeur (Murmur) que Clapperton fut séparé pour toujours du docteur Oudney, qui mourut des suites d'une consomption dont il avait le germe en quittant l'Angleterre. Quelque pénible que fût cette cruelle séparation, Clapperton n'en continua pas moins son voyage, toujours varié par des scènes dont il n'avait eu jusqu'alors aucune idée. Il se trouvait dans la province de Katagom; il avait déjà visité la capitale, ville fortifiée, contenant environ huit mille habitants. Au delà de Katagom, le pays change d'aspect, des coteaux boisés jusqu'au sommet s'élèvent par gradins à l'est et à l'ouest. Leurs pentes sont bien cultivées ainsi que la vallée, et nourrissent de nombreux troupeaux. Les routes étaient couvertes de marchands qui revenaient de Kano; les uns portaient leurs marchandises sur leur tête, et les autres en avaient chargé des bœufs et des ânes. A mesure que l'on avance dans les montagnes, elles deviennent plus escarpées et présentent partout des passages très-pittoresques. Des rochers épars sont entourés de jolies cabanes, et les plantations d'indigo, de coton et de tabac, sont séparées par des allées de dattiers. De beaux arbres inconnus offraient des ombrages délicieux. Quelques-unes des villes fortifiées que l'on trouve sur la route étaient désertes, parce que l'on en avait enlevé tous les habitants quand le pays fut conquis par les Fellatahs. On y voit un grand nombre de villages; des femmes fellatahs, assises des deux côtés de la porte, tout en épluchant du coton, vendaient aux passants des mets et des boissons, et de temps en temps elles prenaient, comme par caprice, un petit miroir de poche, et paraissaient sourire à leur image.

Le 20 juin, notre voyageur atteignit Kano (Ghanna d'el Edrisi), ville considérable, qui est le marché général du pays de Houssa.

« La forme de cette ville est un ovale irrégulier; elle est entourée d'un rempart en terre, de trente pieds de hauteur; on y entre par quinze portes. Ces portes sont de bois et revêtues de bandes de fer. On les ferme le soir, un peu après le coucher du soleil, et on les ouvre au lever de cet astre. Les habitations n'occupent tout au plus que le quart de l'espace intérieur; des jardins remplissent le reste. Les maisons, en pisé, sont carrées pour la plupart, et construites à la mauresque. Elles ont au centre une salle dont la voûte est soutenue par des troncs de palmiers, et qui sert à recevoir les visites et les étrangers. L'habitation du gouverneur, enclos qui ressemble à un village fortifié, renferme jusqu'à une mosquée, et plusieurs tours de trois ou quatre étages, avec des fenêtres comme celles des maisons d'Europe, mais sans châssis ni vitres. On passe par deux de ces tours pour arriver aux appartements du gouverneur. »

La population de Kano est estimée à trente à quarante mille habitants, indépendamment des nombreuses caravanes qui s'y rendent de toutes parts, des bords de la Méditerranée et des montagnes de la Lune, du Sennaar et du pays des Aschantis. Le marché paraît bien distribué et tenu avec beaucoup d'ordre.

« Des lieux particuliers sont assignés aux diverses sortes de marchandises : celles qui occupent peu de place sont vendues dans de petites boutiques étalées au centre du marché; le bétail et les objets volumineux sont répartis tout autour. C'est là qu'on peut se procurer du bois, du foin et diverses sortes de fourrages pour les bestiaux. Les fèves, le maïs, le froment occupent le même quartier. Les chèvres, les moutons, les ânes, les bœufs, les chevaux et les chameaux ont aussi un emplacement qui leur est affecté. Ici vous trouverez les poteries, l'indigo, les teintures; plus loin, les fruits et les légumes du pays; ailleurs on prépare avec la farine du froment diverses sortes de gâteaux. On peut se procurer tous les jours de la viande de bœuf et de mouton, et de temps en temps du chameau. Les bouchers du pays excellent dans l'art de donner à leur marchandise une belle apparence, et savent déguiser une chèvre en mouton, en lui appliquant de la laine sur les chairs. Lorsqu'un bœuf gras est amené au marché pour la boucherie, sa destination est annoncée par la couleur rouge de ses cornes teintes avec le henné; il marche accompagné de tambours; la foule se rassemble; l'éloge de l'animal est dans toutes les bouches et circule au loin; les acheteurs arrivent, des cuisines s'établissent en plein air près des boutiques. Ces cuisines ne sont autre chose qu'un feu de bois autour duquel on range de petites broches de bois bien garnies de morceaux de viande, dont le volume n'excède pas celui d'une pièce de deux sous; l'habile cuisinier sait assortir le gras et le maigre. Tout est propre dans ces apprêts. Une femme assise tient une natte sur ses genoux, y dépose les viandes lorsqu'elles sont cuites, les distribue à la ronde, et fait les honneurs de la table. Ceux des convives qui veulent que rien ne manque au festin, se régalent de couscous; c'est une dépense de vingt cauris, à peu près deux sous (les cauris commencent à avoir cours dès qu'on pénètre dans le Houssa); ceux qui ont une maison prennent leur repas chez eux; en public comme dans l'intérieur des maisons, les femmes ne mangent pas avec les hommes.

« Les boutiques de l'intérieur du marché sont construites avec des bambous alignés, séparées par des rues droites et distribuées régulièrement ; c'est là qu'on vend les marchandises précieuses, les articles de toilette et de luxe, que l'on en fabrique, ou qu'on les répare. Des troupes de musiciens et d'acteurs en plein vent s'efforcent d'attirer l'attention et d'amener des chalands aux marchands, qui leur paient cette sorte de service. Du matin au soir la foule se presse sur le marché, qui se tient tous les jours, même le vendredi. — La police est exacte, impartiale ; les règlements sont dictés par la bonne foi ; un tobé, ou tout autre vêtement acheté sur le marché pour une ville peu éloignée, peut être renvoyé s'il a été expédié dans un paquet fermé. Dans ce cas, l'acheteur écrit dans l'intérieur de l'objet rebuté le mot *dylala*, friponné, et le remet au porteur. Lorsque le paquet revient à Kano, le vendeur est bientôt découvert et condamné à restituer ce qu'il a reçu. »

Le marché aux esclaves est dans un autre quartier ; les malheureux nègres mis en vente sont rassemblés sous deux hangars, l'un pour les hommes, l'autre pour les femmes. Leur condition en Afrique n'est pas aussi misérable que dans les colonies ; en voyant leur gaieté, en entendant leurs chants pendant le travail, on les croirait plus heureux que leurs maîtres. Les hommes exercent les professions de maçons, de forgerons, de tisserands, et les femmes sont employées aux travaux de leur sexe.

Les étoffes de coton de couleur fabriquées à Kano sont très-renommées, surtout les bleues, que l'on teint avec l'indigo. Lorsque l'étoffe sort des mains du teinturier, elle passe dans celles de l'apprêteur, qui parvient à lui donner un éclat semblable à celui du jaspe poli. Les femmes se teignent avec l'indigo les cheveux, les sourcils, le bas de la jambe et les mains, en sorte qu'au premier coup d'œil on pourrait croire qu'elles portent habituellement des bottines et des gants d'un bleu foncé. Les dents et les lèvres reçoivent une autre teinture, et cette partie de la toilette est commune aux deux sexes; des lèvres et des dents couleur de sang plaisent beaucoup aux Africains.

En s'avançant à l'ouest, au delà de Kano, le pays est plus peuplé et mieux cultivé; les villes fermées se multiplient, le paysage s'embellit; des villages apparaissent entre les rochers de granit, et produisent un effet pittoresque. Des maisons situées sur le sommet des rochers semblent ne pouvoir être habitées que par des oiseaux : en un mot, comme le dit Clapperton, « cette partie du Houssa ressemble à un beau parc anglais avec tout son luxe de bois et d'ombrages. » Ce fut dans ce charmant pays qu'il fut joint par l'escorte de cent cinquante cavaliers, que le sultan *Bello* (nom du souverain régnant alors) lui envoyait pour l'accompagner jusque dans sa capitale. Le voyageur était considéré comme le représentant du roi d'Angleterre, et une musique guerrière se faisait entendre chaque fois qu'il traversait un village. En approchant de Sackatou, résidence royale, un envoyé du sultan vint le féliciter sur son heureuse arrivée. On se rendit alors au marché; la foule, venue des villages voisins, chargée des denrées qu'elle allait vendre, se joignit à l'escorte, et fut considérablement augmentée par les curieux de la ville : vieillards, jeunes gens, tous vinrent offrir au voyageur leurs félicitations. On le conduisit à la maison du *gadado* (premier ministre-vizir), où un appartement lui était préparé. Le gadado le reçut avec beaucoup de politesse et d'égards, et lui annonça qu'il verrait le sultan le lendemain.

En effet, le lendemain dans la matinée, Clapperton fut conduit à l'audience du sultan. Aucune pompe n'environnait le monarque; il était assis sur un petit tapis, entre deux poteaux qui soutenaient le toit de chaume d'une maison qui, en Europe, serait une cabane. Les murs de cette habitation étaient peints en blanc et en bleu, suivant l'usage mauresque. Les meubles étaient un écran sur lequel on avait peint un vase de fleurs; et, de chaque côté de cet écran, un fauteuil surmonté d'une lampe en fer.

« Le sultan, dit la narration, est un bel homme, âgé de quarante-quatre ans, mais qui paraît beaucoup plus jeune. Sa physionomie est pleine de noblesse; il a de grands yeux noirs, la bouche petite, un beau front, un nez gros, une barbe noire, courte et légèrement frisée; ses vêtements sont un tobé de coton d'un bleu clair, et un turban de mousseline blanche, dont les franges retombent en partie sur le nez et sur la bouche. »

Les présents apportés par le capitaine furent

remis au sultan. « De toutes ces choses surprenantes, dit le monarque, celle que j'admire le plus, c'est vous. Que pourrais-je offrir qui fût agréable au roi d'Angleterre? » Je répondis que le roi mon maître verrait avec un grand plaisir que le sultan des Fellatahs l'aidât à faire cesser totalement le commerce des esclaves sur les côtes.

— Eh quoi! n'avez-vous pas des esclaves en Angleterre?

— Non; en mettant le pied sur le sol anglais, l'esclave devient libre sur-le-champ.

— Mais vous avez des serviteurs, et comment se comportent-ils avec vous?

— Nous les engageons pour un certain temps, et leurs gages sont payés régulièrement.

— Étonnant! étonnant! vous êtes un peuple vraiment étonnant! »

La mort du docteur Oudney lui causait encore de vifs regrets; il aurait été charmé d'avoir à sa cour un médecin européen.

Cette première entrevue fut suivie de plusieurs autres, où notre voyageur put connaître cet homme extraordinaire, qu'il ne s'attendait guère à trouver au milieu de l'Afrique. Le sultan montrait le plus vif désir de former avec le roi d'Angleterre une liaison durable; il parlait fréquemment de son projet favori d'avoir à Sackatou un consul et un médecin anglais; il exprimait fortement le désir d'avoir des pièces de canon et des fusées à la congrève; il multipliait les questions sur les journaux, dont il avait entendu parler; et comme le capitaine l'assurait que plusieurs milliers de ces feuilles étaient imprimées et publiées tous les matins : « *Grand Dieu!* s'écria-t-il, vous êtes un peuple étonnant! » En continuant à s'occuper des relations commerciales avec l'Angleterre, le sultan demanda si on lui enverrait du drap, des fusils, de la poudre. « Je veux, dit-il, écrire au roi d'Angleterre pour lui demander un consul et un médecin; il faut que vous les conduisiez vous-même. Faites-moi connaître l'époque précise de votre retour; désignez sur la côte le lieu où mes courriers devront se tenir pour m'annoncer votre arrivée, et je vous enverrai une escorte pour vous amener ici. »

Ce fut dans ces conversations que le sultan donna à Clapperton une carte géographique de ses États, dressée par un savant du pays. Cette carte, célèbre dans l'histoire de la géographie, ne se trouve aucunement en rapport avec les explications verbales de Bello, et la question du Niger, loin de s'éclaircir, en semblait encore plus obscure; ce qu'on sut de positif, c'est que les habitants nomment ce fleuve le *Quorra;* et Bello affirma qu'il se rendait à la mer. Clapperton, voulant accomplir l'objet de sa mission, demanda un guide pour le conduire au golfe de Benin; il espérait rencontrer ce fleuve et le suivre jusqu'à son embouchure; il développa tous les avantages qui résulteraient pour le Soudan de cette nouvelle voie de communication, à Bello, qui, les appréciant, lui accorda l'autorisation. Mais quand Clapperton eut dit qu'il voulait visiter Nyffé, sur les bords du Niger, Youri, où devait se trouver les papiers de Park, Rak et Funda, villes situées, disait-on, à l'embouchure, les courtisans commencèrent à murmurer, et le sultan, prétextant qu'un voyage fait dans une saison aussi défavorable serait trop hasardeux, et que d'ailleurs son ami courrait de grands risques en traversant des pays en proie aux guerres civiles, où sa protection serait tout à fait illusoire, retira sa promesse. Il est probable, suivant Clapperton, que ce changement d'opinion fut inspiré par les marchands arabes. Ils craignaient de voir diminuer leurs immenses bénéfices, si les marchandises européennes arrivaient directement à Sackatou, et leur influence détermina le sultan à refuser l'escorte.

En conséquence, Clapperton fut obligé de repartir pour le Bornou; ne pouvant aller à Youri recueillir des renseignements directs sur Park, il prit les informations les plus minutieuses pour arriver à connaître la vérité; nous les avons données page 98.

La route suivie par Clapperton fut différente de celle qui avait été déjà parcourue; il passa successivement à Zirmie, capitale du Zamfra, sorte de cité sacrée, où les esclaves fugitifs trouvent un asile assuré; à Kashna ou Cassina, ville principale du royaume d'où sont sortis les Fellatahs, pour se répandre sur toute l'Afrique, de Bornou aux bords du Niger. Cette capitale ruinée d'un royaume détruit ne contient pas le dixième des habitants qui pourraient se loger dans ses murs; elle est cependant encore le centre d'un commerce considérable avec les Touariks, dont les caravanes viennent par la route de Ghadami et de Tuat. Clapperton, malade, reçut dans cette ville la plus généreuse hospitalité dans la maison d'un riche Arabe, qui lui donna les soins les plus assidus; enfin le 8 juillet il rejoignit Denham à Kouka.

Tous deux partirent pour Tripoli, y arrivèrent en janvier 1825, et quelques jours après firent voile pour l'Angleterre.

CHAPITRE XIV

CLAPPERTON. — Deuxième voyage.

LAING (1825).

Dès son arrivée, Clapperton fit connaître au consul de l'amirauté les intentions du sultan de Houssa; ces ouvertures furent reçues avec empressement, et une nouvelle expédition fut aussitôt préparée. Clapperton en fut nommé le chef; il s'associa le capitaine Pearce et le docteur Morrison; l'un devait être consul à Sackatou, et l'autre médecin du sultan. Dickson, chirurgien écossais, partit volontairement. Les quatre voyageurs s'embarquèrent le 25 août 1825, deux mois après le retour de Clapperton, et arrivèrent à Whidah le 26 novembre. Là, Dickson rencontra un Portugais de ses amis qui avait résidé longtemps à Dahomey, et tous deux prirent la route de cette ville, où ils furent bien reçus; de là Dickson fut envoyé avec une nombreuse escorte à Shar, ville située à dix-sept journées de Dahomey; il partit pour Youri, et depuis on n'en a plus entendu parler.

Clapperton fit d'inutiles enquêtes sur Bello, sur les messagers qu'il devait envoyer, et sur les ports de Funda et de Raka. Ces noms n'étaient point connus sur la côte, et l'on sait maintenant que ces deux villes sont à deux cents milles dans l'intérieur des terres; que Raka n'est pas même sur les bords d'un fleuve, et que ni l'une ni l'autre de ces villes n'étaient alors sous la domination du sultan Bello. Clapperton ne voulut pas se hasarder à remonter le fleuve, et marcha vers Badagri.

Le 7 décembre, nos voyageurs partirent de cette place, sous la conduite d'un nègre Houssah nommé Pascoé; ils remontèrent en canot une branche de la rivière de Lagos jusqu'à une ville de commerce fort importante, nommée Bawie. Dans ses environs, ils eurent l'imprudence de dormir en plein air sur un terrain humide et marécageux. La nuit suivante, ils dormirent encore sans abri sur la place du marché à Dagmou, ville considérable, où les logements ne leur manquaient pas. Dès le 10, Clapperton fut atteint d'une fièvre d'accès: les trois jours suivants, Morrison, Pearce et Richard Lander, domestique de Clapperton, tombèrent malades à leur tour. Ils firent soixante-dix milles étendus sur des hamacs. Les habitants du pays leur prodiguaient leurs soins de la manière la plus affectueuse, les logeaient dans les plus belles maisons, et donnaient leurs meilleurs vivres. Le 23, Morrison, se sentant hors d'état de s'engager plus loin, demanda à retourner à la ville de Jannah, d'où il était parti l'avant-veille. Les autres voyageurs firent halte dans un village, et le 27 au soir, le capitaine Pearce rendait le dernier soupir; le même jour Morrison succombait à Jannah : ainsi Clapperton se trouvait seul avec son domestique Lander.

Le pays entre Badagri et Jannah est très-peuplé; partout où la terre n'est pas occupée par de belles forêts, elle est bien cultivée en maïs, en diverses espèces de millet et d'ignames; les arbres fruitiers et les orangers y abondent. Sur toute la route, nos voyageurs rencontrèrent une affluence considérable d'habitants des deux sexes, portant sur leur tête les productions du pays. Ces bonnes gens battaient des mains, chantaient en chœur, s'agenouillaient, et témoignaient par les gestes les plus bizarres tout le plaisir qu'ils éprouvaient à voir des hommes blancs. Les villages et les villes étaient très-rapprochés; quelques-unes de ces dernières pouvaient contenir de huit à dix mille habitants; celle de Jannah est la plus considérable.

« Le soir de notre arrivée à Jannah, dit Clapperton, nous visitâmes son enceinte, suivis d'une foule inoffensive qui grossissait à mesure que nous avancions; les hommes ôtaient leurs bonnets; les femmes s'agenouillaient les deux genoux et un coude appuyés à terre en soutenant l'autre coude de la main. Nous traversâmes le marché; il était encore approvisionné de toute espèce de denrées. Là, la foule roulait comme une mer houleuse; les hommes sautant par-dessus les paniers de provisions, les enfants dansant sous les échoppes, les femmes chantant, braillant à tue-tête, et invitant les acheteurs, mais sans que nous pussions observer, au milieu de tout ce tumulte, un regard ou un mot désobligeant pour nous.

« Les habitants de Jannah sont industrieux, ils excellent dans la sculpture sur bois; leurs portes, leurs meubles, leurs tambours sont couverts de figures représentant des hommes, des serpents, des crocodiles. De nombreux métiers étaient à l'œuvre; j'en ai vu dans certaines maisons jusqu'à dix en activité; leurs cotonnades sont assez fines, et d'un tissu solide; ils fabriquent aussi de la poterie assez passable.

« Le vieux *cobocir* (chef de la ville) parut enchanté de voir des étrangers; il portait une large robe de damas cramoisi et un bonnet de velours; mais durant la cérémonie de la réception, il changea trois fois de vêtement, augmentant à chaque fois la splendeur de son costume. La cour était tellement pleine de curieux, qu'il n'y avait de libre qu'un seul petit espace; ce fut là que Sa Hautesse conduisit Lander et moi, nous tenant chacun par la main, et que nous exécutâmes une danse africaine, au grand ravissement des spectateurs. »

Nos voyageurs arrivèrent bientôt à la chaîne de montagnes qui traverse tout ce pays, aux frontières du *Yourriba*. « Cette route à travers les montagnes offre des aspects beaux et imposants. Quelquefois elle montait dans une direction perpendiculaire, puis elle descendait dans de profonds précipices, ou elle tournait sur les flancs d'un rocher sourcilleux. Des masses de granit étaient suspendues sur nos têtes dans un effrayant et douteux équilibre; la route montait de montagne en montagne jusqu'à la grande et populeuse ville de Chaky, assise sur le sommet le plus élevé. »

Partout Clapperton trouva les habitants réunis pour le recevoir; les provisions lui étaient abondamment fournies, et les chefs eux-mêmes mettaient à sa disposition leurs maisons et tout ce qu'elles contenaient. Plus loin, la route, toujours pittoresque, offrait une succession de villages abandonnés et de villes dévastées par la guerre. « Arrivés à la petite ville de Tshaou, nous trouvâmes, dit le narrateur, un cabocir venu à notre rencontre avec une nombreuse escorte de cavaliers et d'archers, pour nous conduire auprès de Sa Majesté le roi de Yourriba. Nous partîmes le lendemain, sous la garde de ce détachement, qui se déploya sur la route de la manière la plus pittoresque. Quelques-uns de nos conducteurs étaient affublés de vêtements grossiers, les autres étaient couverts d'amulettes; les archers portaient de petits chapeaux nattés ornés de plumes, et le carquois de cuir pendu à la ceinture.

« Nous arrivâmes aux portes de Katunga ou

Eyeo, ville située en amphithéâtre sur la pente et autour de la base d'une petite chaîne de collines de granit. Entourée de bois épais, et ceinte d'une muraille en terre de vingt pieds de haut et d'environ quinze milles de circonférence, elle est bordée d'un fossé sec, et l'on y entre par dix portes. Les maisons sont de terre, couvertes de chaume; les piliers qui soutiennent les pavillons et les portes sont sculptés en bas-reliefs. Accompagnés de notre escorte et de tout ce qu'il y avait de musique dans la ville, et d'une multitude d'hommes, de femmes et d'enfants, au milieu desquels les gens du roi nous ménageaient à grand'peine un passage, à l'aide de fouets et de bâtons, nous atteignimes enfin, après avoir fait cinq milles de chemin dans la ville, la place où le roi nous attendait. Il était assis sous un pavillon en avant de son habitation; deux parasols rouges et deux bleus étaient étendus au-dessus de sa tête, à l'aide de longs bâtons soutenus par des esclaves. Quelques pourparlers des principaux cabocirs avec le roi me firent craindre qu'il ne fût question de la cérémonie ordinaire du prosternement. Je déclarai que, s'il s'agissait de rien de semblable, je me retirerais tout de suite, et que je consentirais seulement à ôter mon chapeau, à saluer et à donner une poignée de main au roi. Ils en informèrent le monarque, qui y consentit, et nous avançâmes.

« Le roi était vêtu d'un tobé blanc, ou large chemise, par-dessus une autre bleue. Il avait au cou trois rangs d'une pierre bleue, et portait sur la tête une couronne de carton, de la forme des couronnes européennes, recouverte en coton bleu. Lorsqu'il prit mes mains, il les éleva trois fois en répétant *ako-ako?* Comment vous portez-vous? »

Clapperton fut invité à deux représentations théâtrales, dont il fait ainsi le récit : « L'endroit choisi pour ce divertissement est le parc royal, devant la principale porte où s'asseoit ordinairement le roi. Les acteurs, enveloppés de larges sacs, et la tête fantastiquement décorée de bandes de soie, de damas et de coton, des plus éclatantes couleurs, étaient assis sous des groupes d'arbres. — Le premier acte était une danse admirablement exécutée, si l'on considère que les acteurs qui sautaient, se roulaient et se démenaient de leur mieux, n'y voyaient point et n'avaient le libre usage ni de leurs mains ni de leurs pieds. — Le second acte fut une chasse au boa constrictor : un des *hommes-sacs* se mit d'abord à quatre pattes devant l'assemblée ; alors s'avança une figure haute et majestueuse destinée à jouer le rôle de coryphée. Cet acteur s'approcha de l'homme prosterné, fit un signe avec une épée qu'il tenait à la main, et un second danseur fut, pour ainsi dire, ajouté au premier, car on les mit l'un au bout de l'autre ; les fonds des deux sacs furent décousus, et ils semblèrent se réunir en un seul. Le coryphée fit de nouveau tourner son épée dans l'air avec une telle énergie, que, comme il était alors entouré de tous les acteurs, je craignis que quelques têtes ne fussent décolées ; mais tout s'écarta : resté seul avec les sacs, le chef agita encore son épée, et la représentation commença. La tête du boa parut d'abord, et tâcha de mordre le coryphée, puis recula pour éviter l'épée qui le menaçait, et, rampant petit à petit hors du sac qui le cachait, montra enfin tout son corps de serpent parfaitement imité. Les mouvements souples du boa étaient rendus avec une singulière vérité; et il ouvrait et fermait la gueule de la façon la plus naturelle; il pouvait avoir quatorze pieds de long, et l'étoffe qui recouvrait ce corps énorme imitait parfaitement la peau du boa. Lorsque l'animal eut poursuivi l'homme pendant quelque temps autour du parc, toujours essayant de mordre et toujours repoussé, tous les acteurs se rapprochèrent à un signal du coryphée, qui fit le moulinet avec son arme, feignant de trancher la queue du serpent. Le boa se tordit alors comme aux abois; les acteurs masqués le chargèrent sur leurs épaules, expirant, et ouvrant et fermant la bouche comme dans les dernières convulsions. -- Pour troisième acte, nous eûmes le *Diable blanc :* un seul des acteurs demeura en scène; son sac glissa peu à peu et découvrit une tête blanche qui fut saluée d'acclamations bruyantes. La multitude jouissait évidemment de la perfection de l'art de l'acteur, dont le corps acheva par degrés d'apparaître; nous vîmes alors une espèce de créature à forme humaine, comme moulée dans de la cire blanche, de grandeur moyenne, d'une effrayante maigreur, et qui semblait grelotter de froid. Elle faisait fréquemment le geste de prendre du tabac, et de se frotter les mains; quand elle marchait, c'était avec une gaucherie effrayante, et comme le blanc le plus efféminé s'avancerait, posant pour la première fois le pied sur la glace. Cette charge était réellement assez bien faite; elle termina le spectacle, dont les entr'actes avaient été remplis par des chœurs que chantaient les femmes du roi, et qu'accompagnait l'assemblée entière. »

Parmi les coutumes du Yourriba, nous citerons celle qui regarde les funérailles: on creuse pour enterrer les morts une fosse profonde, dans laquelle on asseoit le cadavre, les coudes entre les genoux. Le pauvre s'enterre sans cérémonie; pour le riche on tire des coups de fusil, et les amis et les parents boivent du rhum sur la tombe et dans la maison du mort. Quand le roi meurt de mort naturelle, le cabocir de Jannah, trois autres des principaux cabocirs, quatre femmes et un nombre considérable d'esclaves, sont obligés d'avaler du poison; si le poison ne suffit pas, le patient est pourvu d'une corde pour se pendre dans sa propre maison.

Clapperton quitta Katunga, où il était resté depuis le 23 janvier jusqu'au 7 mars, pour aller à Kiama, capitale du pays de Borgho. Une escorte envoyée par Yarro, sultan de ce pays, accompagna le voyageur, qui fut accueilli parfaitement par ce sultan; celui-ci lui conseilla de changer son itinéraire, attendu que le Youry où il voulait se rendre était en guerre avec les Fellatahs. Il suivit son avis, et prit la route de Boussa, avec des guides fournis par Yarro.

« Le 10 mars, dit Clapperton, nous atteignîmes une caravane venant d'Aschanti; les hommes, les femmes, les bœufs, les ânes, les chevaux marchaient pêle-mêle sur une seule ligne, les hommes parés d'étoffes bigarrées; les pauvres négresses nu-pieds, la tête courbée sous de pesants fardeaux, paraissaient d'une humeur aussi gaie que si elles eussent été assises devant leurs huttes, occupées à broyer le maïs. »

Notre voyageur fit ensuite une excursion à Boussa, ville située dans une île assez vaste, formée par les deux bras du Quorra (nom que les naturels donnent au Niger), dans l'espoir d'obtenir des renseignements sur les papiers de Mongo-Park. Puis il traversa le fleuve, et entra dans la belle province de Niffé, pays bien cultivé, qui abonde en mines de fer. Chaque village a trois ou quatre forges; les maisons sont peintes en dehors, et l'on y figure des hommes, des serpents, des crocodiles et des tortues.

Enfin Clapperton arriva à Kano le 20 juillet 1826. Là, il rencontra d'anciens amis qui l'informèrent de la guerre qui existait entre le sultan Bello et le cheik de Bornou. Il se décida à aller joindre Bello. Son journal offre ici une lacune de trois mois, et ne recommence qu'au 12 octobre 1826; nous retrouvons alors les voyageurs à la suite des troupes du sultan sur les bords d'un grand lac qui baigne la plaine de Goudami. « Cette plaine, dit-il, est remplie d'éléphants et d'animaux féroces; mais l'œil s'y repose avec délices sur des bosquets de mimosas, dont les fleurs jaunes et blanches contrastent admirablement avec le vert poudreux du feuillage. Je remarquai dans ce lac d'énormes poissons ; les soldats venaient s'y baigner, et y abreuvaient leurs chevaux, leurs chameaux et leurs ânes. Le soleil, à son lever, étendait sur les eaux limpides l'ombre des mimosas, tandis que les derniers feux du bivouac y jetaient leur mourante clarté. Les huttes s'élevant comme par magie, le bruit des cornets, des tambours, des trompettes, retentissant au milieu des hennissements, des chevaux et du braiement des ânes, animaient ce tableau singulier. »

Clapperton suivit ces troupes au camp de Bello, alors devant Kounia, capitale du Goubir, dont il faisait le siége. La relation de l'attaque de cette ville est trop curieuse et trop caractéristique des mœurs de ces contrées pour ne pas trouver place dans ce chapitre.

« Après la prière de midi, dit Clapperton, toute l'armée se porta en avant jusqu'au pied des remparts. Je suivis le mouvement, et me plaçai près du Gadado. Je ne vis jamais pareille confusion ; les fantassins et les cavaliers couraient pêle-mêle ; les soldats d'un chef se mêlaient avec ceux d'un autre ; le même désordre régnait dans le port et dans le maniement des armes. Cependant, lorsqu'on eut fait halte, le front de bataille offrit un spectacle imposant : chaque chef ayant enfin pris la position qui lui était assignée, cinquante à soixante mille hommes, dont un dixième environ de cavalerie, investissaient la place de tous côtés.

Les cavaliers se tinrent hors de la portée du trait, et les archers s'avancèrent en lançant leurs flèches sur les assiégés; parmi eux se trouvaient une trentaine de soldats armés de mousquets et dispersés en tirailleurs.

« L'ennemi soutint le combat avec fermeté, ménageant ses flèches jusqu'au moment favorable pour en faire une décharge générale. Dans le fort de l'action, nous vîmes plusieurs cavaliers, protégés par un grand bouclier de cuir, courir en brandissant leurs javelines vers le fossé de la place et revenir au galop en criant à leurs camarades : « En avant! sous les remparts! cherchons un asile sous les remparts! » Enfin la cavalerie d'élite s'avança en ordre; les cavaliers portaient un casque surmonté de plumes d'autruche et bardé de plaques d'étain; un grand manteau matelassé, noué sur les épaules, battait les flancs et la queue de leur cheval, dont la tête était défendue par des plaques d'étain. Le cavalier est armé d'une longue lance: le poids de son équipement ne lui permet pas de monter seul sur son cheval; il lui faut l'assistance de deux hommes. Je pensais que les fantassins se mettraient en mouvement derrière ces lourdes machines: mais elles s'avancèrent isolées sous une grêle de flèches et sous le feu d'un mousquet dont la première décharge abattit, percé de deux balles, le cavalier qui formait l'avant-garde. L'un des personnages les plus utiles et les plus intrépides de notre armée était notre cantinière, vieille esclave du sultan, au teint cuivré, ayant le costume et l'allure d'une Esquimaude. Elle montait une vieille haquenée de la famille du coursier de don Quichotte; pour coiffure elle avait un cône de paille recouvert d'un sale chiffon, qui retombait en forme de voile pour la garantir du soleil; elle portait, pour tout vêtement, un large pantalon à la turque, de vieilles bottines, et s'était fait attacher par la ceinture à son cheval. Au pommeau de sa selle pendaient un grand nombre de gourdes pleines d'eau, et une coupe de bronze. Cette bonne femme circulait dans les rangs, désaltérant les blessés et ceux qui succombaient à l'excès de la soif. Je réclamai deux fois ses bons offices, car la chaleur et la poussière m'avaient excessivement altéré. »

Après cette bataille, où le succès resta indécis, toute l'armée se retira dans le plus grand désordre, ravageant tout sur son passage. Clapperton rentra à Sackatou avec le sultan. Il y fit un séjour de six mois, temps qu'il consacra à recueillir les notions les plus exactes sur les Fellatahs, sur leurs conquêtes dans le Houssa, leur agriculture, leur commerce et leurs manufactures. Nous regrettons que les bornes que nous nous sommes imposées ne nous permettent pas de donner ces détails curieux; nous sommes forcé de renvoyer à la relation.

Quelques jours après son arrivée, Clapperton reçut la visite d'un des secrétaires de Bello, qui vint lui annoncer que son maître ne le laisserait pas partir pour le Bornou, pays avec lequel on était en guerre. « Le cheik, ajouta-t-il, a écrit au sultan, lors de votre premier voyage, pour lui conseiller de vous mettre à mort, prétendant que vous étiez envoyé comme espion par les Anglais pour leur faciliter la conquête de ces contrées; et que c'était par des espions que vos compatriotes avaient exploré l'Indoustan jusqu'au moment où ils s'étaient sentis assez forts pour s'en emparer. » Cette lettre était supposée. Le sultan ordonna ensuite qu'on fit venir de Kano à Sackatou Richard Lander, avec tout le bagage et les présents qui étaient destinés au cheik de Bornou. Bello fit main basse sur les ballots, sous prétexte que Clapperton portait des fusils au cheik. Cette conduite affecta si douloureusement Clapperton, que depuis cet instant Richard ne le vit plus sourire une seule fois. Cependant la défaite des troupes de Bornou rendit Bello plus traitable; les dernières lignes de la relation de ces malheureux voyageurs nous le montrent délibérant amicalement avec lui sur la route la plus sûre qu'il pouvait prendre pour revenir dans sa patrie, mais il était trop tard; la santé de Clapperton, qui ne s'était jamais complétement rétablie depuis la nuit fatale qu'il avait passée dans les marais de Bawie, avait été insensiblement altérée par les chagrins qu'il éprouvait.

Voici le tableau touchant des derniers moments de Clapperton tracé par la plume naïve de son fidèle serviteur. « Le 12 mars, je fus très-effrayé de voir mon excellent maître atteint de la dyssenterie; dès les premiers symptômes, j'avais cru qu'il était empoisonné; mais il m'assura qu'il avait contracté les germes de la maladie à la chasse, en se couchant sur le sol humide, tandis qu'il était en sueur.

« La chaleur était insupportable ; à midi le thermomètre marquait 34° Réaumur. A la prière de mon maître, je lui dressai une couche à l'ombre, hors de sa hutte, et j'étendis à ses côtés une natte pour moi. Pendant cinq jours, je le portais tous les matins du lit de sa hutte à celui que j'avais disposé en plein air, et tous les soirs je le reportais à son hamac. Le sixième, il lui fut impossible de se relever. Une seule fois, durant sa maladie, il essaya d'écrire ; mais, avant que je lui eusse apporté de l'encre et du papier, il était retombé, épuisé de l'effort qu'il avait fait pour se tenir assis.

« Mon pauvre maître languit ainsi pendant vingt jours dans un état déplorable ; vainement me disait-il qu'il ne souffrait pas, je voyais bien que, témoin de mon affliction, il ne cherchait qu'à la calmer. Il devait ressentir les douleurs les plus aiguës, et dépérissait de jour en jour. Son corps, si robuste, si vigoureux, n'était plus qu'un squelette ; il avait le sommeil très-agité, et à chaque instant il faisait des rêves affreux, pendant lesquels sa bouche murmurait des imprécations contre la perfidie des Arabes. Tous les jours je lui lisais quelques passages du Nouveau Testament, et, le dimanche, l'office divin, qu'il écoutait avec un profond recueillement. Cependant l'inquiétude, la fatigue, les veilles continuelles, m'avaient extrêmement affaibli. Peu de jours avant la mort de mon maître, je fus atteint d'une fièvre ardente qui me mit aux portes du tombeau.

« Dans les premiers jours d'avril, M. Clapperton, voyant sa fin approcher, essaya de ranimer le peu de forces qui lui restaient pour me donner ses dernières instructions. Dans le cours de cet entretien, qui dura près de deux heures, il s'évanouit plusieurs fois. Le même soir, dans un des instants de trêve que lui laissaient ses souffrances, il s'assoupit, et bientôt se réveillant en sursaut : « N'as-tu pas entendu, me dit-il, le son d'une cloche funèbre? J'en suis sûr, elle a retenti à mes oreilles. — Mon bon maître, lui répondis-je, rassurez-vous; vous laisseriez-vous abattre par de vains fantômes? » Il ne répondit rien, mais, après quelques moments de silence, voyant mon abattement : « Pardonne-moi, dit-il avec un léger sourire, pardonne au délire d'un malade. »

« Le 13 avril, au point du jour, je fus éveillé par les derniers accents de mon pauvre maître : « Richard! Richard! » disait-il d'une voix défaillante, entrecoupée par le râle de l'agonie. Épouvanté, j'accourus près de lui; il était assis sur son lit, et jetait autour de lui des regards effrayés. Je le serrai dans mes bras, et, déposant doucement sa tête sur mon épaule, je fixai sur ses traits pâles et défigurés mes yeux noyés de larmes. Quelques mots inarticulés vinrent expirer sur ses lèvres. « Dieu! mon maître se meurt! » m'écriai-je avec effort. A mes cris, nos deux esclaves, Pascoé et Mudey, entrèrent dans la hutte; l'infortuné venait d'exhaler son dernier soupir. Je fis laver le corps, je le fis porter hors de la hutte, et je l'étendis entre deux nattes, enveloppé d'une couverture. J'envoyai ensuite un exprès au sultan pour l'informer de ce triste événement, et lui demander la permission d'ensevelir mon maître suivant les usages d'Angleterre. Bello y consentit, et à midi un Arabe arriva de sa part, avec quatre esclaves chargés de creuser la fosse. Je les suivis, accompagné de Pascoé et de Mudey, conduisant le chameau sur lequel j'avais attaché la dépouille mortelle de l'infortuné Clapperton, recouverte d'un drap mortuaire. Cheminant à pas lents, nous nous arrêtâmes à Jungari, petit village bâti sur le penchant d'un coteau, à cinq milles sud-est de Sackatou. On déposa le corps sous un hangar, en attendant que la fosse fût creusée, puis on le reporta au bord de ce dernier asile. J'ouvris alors mon livre de prières, et, d'une voix entrecoupée de sanglots, je priai sur les restes de mon excellent maître. Cette cérémonie n'eut d'autre témoin que le Dieu de miséricorde que j'implorais ; les esclaves étaient à quelque distance, occupés à se quereller. Les prières terminées, je les rappelai. Le corps fut confié à la terre. Je jetai un dernier regard sur tout ce qui restait de tant de générosité et de courage, et je ne trouvai de soulagement que dans mes pleurs. »

Lander était alors à cent quinze journées de la côte ; il prit congé de Bello, et se mit en route le 4 mai pour Kano, emportant avec lui ce qui lui restait des effets de son maître, et emmenant Pascoé, Mudey, trois chameaux et deux chevaux. Bientôt il se joignit à une caravane de près de quatre mille personnes, où se trouvait le roi de Jacoba avec cinquante esclaves. Jacoba est au sud-est de Sackatou; ses habitants sont cannibales, ainsi que les Yamyans, leurs voisins. « Le roi me témoigna, dit Lander, beaucoup d'intérêt, et me tint assidûment compagnie; il m'invita à visiter son royaume, et promit de m'en rendre le séjour aussi agréable que possible. Il m'apprit que, dans un combat qu'il avait livré au cheik de Bornou à la tête de ses sujets et des Yamyans, ses alliés, il avait éprouvé de grandes pertes, que le carnage avait été horrible, la déroute de ses armées complète; qu'il avait failli être fait prisonnier, et que, le lendemain, les Yamyans, reparaissant sur le champ de bataille, avaient enlevé les cadavres de leurs ennemis, et, après les avoir rôtis, en avaient fait un horrible festin.

« Le 15 mai, nous fîmes halte aux portes de Damoy, du pays de Houssa; ses habitants me dirent que la chaîne de montagnes que j'apercevais à l'horizon, du côté du sud, s'étendait jusqu'à *l'eau salée*, et qu'elles étaient peuplées par les Yamyans, dont ils me confirmèrent l'anthropophagie. »

Lander arriva le 25 mai à Kano, où il s'arrêta jusqu'au 29. « Le premier juin, je rencontrai deux routes, conduisant l'une à Niffé, l'autre à Funda; je pris sans hésiter cette dernière, parce que Funda est située sur les bords du Niger, et que j'espérais suivre le fleuve en canot jusqu'à Beni

je pris sans hésiter cette dernière, parce que Funda est située sur les bords du Niger, et que j'espérais suivre le fleuve en canot jusqu'à Beni-

Le 4 juin, j'arrivai au pied d'une montagne escarpée, nommée *Almena*, composée de blocs immenses de granit entassés au hasard les uns sur les autres, et suspendus sur la tête des voyageurs.

« Le 7 juin, nous arrivâmes à *Nammalik*, ville défendue d'un côté par une montagne, et de l'autre par un mur de terre. La montagne est à pic et couverte d'une épaisse forêt, habitée par des millions de hyènes, de tigres, de chacals, de singes, dont les cris effrayants m'empêchèrent de fermer l'œil toute la nuit. Telle est la voracité de ces animaux, que les habitants ne peuvent posséder impunément ni bœufs, ni moutons, ni chèvres. Aussi n'y trouve-t-on aucune sorte de viande à manger. Le chef nous installa dans une hutte et nous fit servir du *tuah*, préparé avec le jus d'un fruit détestable appelé *pain de singe*.

« Le 8, je quittai Nammalik, et je rencontrai sur ma route trente esclaves de Fullendousi destinés à être offerts en tribut au sultan Bello. Les hommes étaient enchaînés l'un à l'autre par des colliers de cuir; les femmes et les enfants étaient libres. Les Fullendousiens sont les premiers Africains que j'aie vus dans un état complet de nudité. Ils sont simples et bons, mais d'une saleté révoltante. Ils mangent et se couchent pêle-mêle dans la même hutte avec leurs chèvres, leurs moutons, leur volaille; une odeur insupportable s'exhale de leurs habitations. Il ne paraît pas qu'ils aient la moindre affection pour leurs enfants; un père vend son fils comme il vendrait une poule, au plus bas prix et avec aussi peu de répugnance. Ils portent suspendu à chaque lèvre un arc de verre bleu, et aux oreilles un morceau d'étoffe rouge d'un pouce de long. Ils se frottent le corps d'un mélange d'argile rougeâtre et d'huile de noix de Guinée, qui leur rend la peau douce et luisante. Leur figure n'offre aucun des traits du nègre, elle ressemble, à la couleur près, à celle des Européens. Leur stature est belle et leur physionomie agréable.

« Le 12, nous arrivâmes à Cuttup, village où se fait un grand commerce. Je crus devoir faire un présent au chef de la tribu; je lui donnai huit aunes de damas bleu et rouge et quelques bagatelles. Je reçus en échange un mouton, deux quartiers de bœuf et assez de riz pour nourrir cinquante personnes. Le lendemain les femmes du roi vinrent, au nombre de dix, me rendre visite : il leur prit fantaisie d'enlever les boutons de ma veste; mais je les prévins en les leur offrant de bonne grâce, et elles eurent la satisfaction de les suspendre à leurs oreilles. Cependant ma bourse était à sec; pour la remplir, j'annonçai une vente d'anneaux, de colliers, d'aiguilles; et les chalands d'accourir. Les bonnes gens payaient sans marchander quinze à vingt cauris tel objet qui, acheté à un Arabe, ne leur en eût pas coûté plus de dix. Je ne sais si je dois attribuer leur générosité à la qualité de mes marchandises, ou au prix qu'ils attachaient à faire leurs emplettes auprès d'un blanc. »

Le 19 juin, Lander arriva à Dunrorah, ville de quarante mille habitants. Il n'était plus qu'à douze à treize lieues de Funda, d'où il pouvait se rendre en quatre jours sur les bords de l'Océan, lorsqu'au moment de quitter la ville, il fut arrêté par des hommes armés qui l'emmenèrent à Zeggeg. Le roi de ce pays lui dit que, s'il l'avait forcé de venir dans sa capitale, c'était pour l'empêcher d'être massacré par les habitants de Funda. Bientôt après, Lander partit pour Badagri, en traversant les mêmes contrées qu'il avait visitées l'année précédente avec son maître. Partout on paya un tribut de regrets à la mémoire de l'infortuné Clapperton, et l'on accueillit avec bonté l'ami qui avait reçu son dernier soupir. Mais à Badagri, il rencontra des marchands d'esclaves portugais qui le signalèrent au roi de ce pays comme un espion envoyé par le roi d'Angleterre. Cette calomnie fit quelque impression sur l'esprit du roi et des habitants; on tint un *palaver* sur le traitement que le pauvre Lander aurait à subir, et on se décida à lui faire boire le *fétiche*. C'est un breuvage sur lequel on a jeté un sortilége et qui a le don de faire distinguer le coupable de l'innocent. Lander comparut donc au palaver à travers une haie de soldats armés de haches, de lances et de flèches. Dès qu'il entra on lui présenta une coupe contenant un liquide limpide comme de l'eau, et on lui ordonna de le boire en lui disant : « Si tu es coupable, il va te tuer; si tu es innocent, il ne te fera aucun mal. » Il l'avala sans hésiter, et courut à l'instant dans sa hutte, où quelques grains d'émétique et un verre d'eau chaude le lui firent rejeter en entier.

Quelques jours après, le roi, convaincu de l'innocence de Lander par le bon état de sa santé, le traita avec affection, et le laissa partir comblé de présents. Enfin il s'embarqua au cap *Coast*, et arriva en Angleterre le 30 avril 1828.

Avant que Clapperton et Denham eussent terminé leur premier voyage, le major Laing, qui avait déjà essayé de découvrir les sources du Niger (voyez page 119), était parti de Tripoli dans le dessein d'arriver à Tombouctou par la route de Ghadamis, et de descendre le Niger jusqu'à son embouchure. Il s'était mis sous la protection du cheik de Ghadamis, qui avait demeuré vingt-deux ans à Tombouctou. Le voyage fut assez heureux dans le commencement; mais six jours après son départ de Tuast, à trente-cinq jours de marche de Tombouctou, le *koffle* ou caravane fut attaqué par les Touariks, et le major ayant reçu plusieurs blessures fut laissé comme mort. Sauvé par les soins compatissants de ses compagnons, il eut une longue convalescence; cependant il arriva Tombouctou le 28 avril 1826, et y demeura un mois. Plusieurs lettres datées de cette ville promettaient de nombreux documents sur la géographie du pays et une connaissance approfondie de cette cité jusqu'alors mystérieuse, mais son départ fut précipité par les ordres du sultan Masina, qui gouvernait le royaume. Laing fit un arrangement avec un marchand maure partant pour Sego; après trois jours de marche, il fut attaqué pendant la nuit et assassiné: ses papiers n'ont jamais été recouvrés; c'est pour la science une perte comparable à la perte de ceux de Mongo-Park, car Laing avait des connaissances qui ont manqué à Caillié; ses observations astronomiques surtout auraient fixé d'une manière positive la position de Tombouctou, qui fait encore le sujet des discussions des savants.

CHAPITRE XV

CAILLIÉ. (1827-1828.)

Le sort du major Laing était encore incertain; ses amis ne désespéraient pas de le revoir, quand tout à coup, au commencement d'octobre 1828, les journaux français annoncèrent le débarquement à Toulon d'un jeune homme, jusqu'alors inconnu, qui aurait visité Tombouctou et en serait revenu par le désert et Fez. Cette nouvelle causa une profonde sensation; une polémique s'engagea entre le savant secrétaire de l'Amirauté de Londres et M. Jomard; lorsque le voyage eut été publié, cette polémique devint plus générale, et les Anglais, par suite de leur orgueil national, qui ne leur permettait pas d'admettre que tout autre qu'un de leurs compatriotes fût parvenu à pénétrer à Tombouctou, nient encore le voyage de Caillié. Il a écrit sa relation, disent-ils, avec d'autres livres, et surtout avec un article d'une revue anglaise sur Laing; il a pu, étant à Fez ou à Tanger, car on ne pouvait nier sa présence dans ces deux villes, se procurer à prix d'or les papiers de Laing. — Nous ne nous arrêterons point à discuter ces opinions, nous nous bornerons à dire que la Société de géographie de Paris a décerné à Caillié le prix qu'elle avait fondé pour celui qui, le premier, arriverait à Tombouctou.

René Caillié était né en 1800 (1), près de Niort (Deux-Sèvres), de parents pauvres qui ne lui donnèrent aucune instruction; dès ses premières années, son esprit s'exaltait en lisant les livres de voyages; et en voyant sur une carte d'Afrique l'espace laissé en blanc, sa jeune imagination lui suggérait le désir de remplir ces lacunes. Parti à l'âge de seize ans pour le Sénégal, il essaya deux fois de pénétrer dans l'intérieur à la suite d'expéditions anglaises; il apprit par lui-même combien une escorte nombreuse était nuisible, et qu'un voyageur isolé aurait plus de chances de succès. Réfléchissant ensuite que toujours et partout les musulmans avaient traversé les provinces de la Nigritie sans être inquiétés, il jugea qu'en se faisant passer pour Arabe, il jouirait d'un immense avantage. En conséquence il se décida à apprendre la langue arabe et à s'instruire dans la religion mahométane. Il choisit pour maîtres les Braknas, tribu de pasteurs qui errent entre le Sénégal et le désert, à cinquante lieues de la côte; il resta parmi eux dix mois, sous le nom d'Abdallahi, qu'il avait pris en feignant d'embrasser

---

(1) Les compatriotes de Caillié ont élevé en son honneur une colonne surmontée de son buste, et qui s'élève au milieu de son village natal. Elle fut inaugurée le 26 juin 1842.

l'islamisme. Quand il se crut assez savant, il revint au Sénégal pour demander aide et protection au gouverneur. Mais ayant été rebuté, il partit pour Sierra-Leone, où, mieux accueilli par les Anglais, il fut cependant près de deux ans sans rien obtenir. Enfin, ayant eu connaissance du programme de la Société de géographie de Paris, qui offrait un prix à celui qui le premier arriverait à Tombouctou, il se décida à partir seul sans le concours de personne. — Il se lia à Free-Town avec des noirs musulmans venus de l'intérieur; puis, un jour, sous le sceau du secret, il leur apprit qu'il était né à Alexandrie en Égypte, qu'il avait été fait prisonnier par l'armée française et conduit au Sénégal pour faire les affaires commerciales de son maître; qu'affranchi pour ses services, il voulait retourner dans son pays natal et reprendre la religion de ses pères.

Il partit le 22 mars 1827, et se rendit à un village sur la rive du Rio-Nunez, où il n'était nullement connu. Cette précaution était utile, parce qu'il avait adopté le costume arabe. Il rencontra là un négociant français qui le recommanda à un chef noir nommé Ibrahim, allant à Cambaya. Ce fut avec ce guide qu'Abdallahi se mit en route, emportant une petite quantité d'objets d'échange, pesant à peu près cent livres; un Fellah, ou, comme l'écrit la relation, un Foulah, avait sur sa tête le bagage du voyageur.

La petite caravane, composée de douze personnes, traversa le pays d'Irnanke, puis le Fouta-Dhialon; partout la fable inventée par Caillié et racontée par

Ibrahim, avec des ornements nouveaux, tels que sa naissance à la Mecque, valut au pauvre voyageur une réception amicale, des vivres et les attentions d'une généreuse hospitalité. Après un mois de route, le 10 mai, on arriva à Cambaya, lieu de naissance d'Ibrahim ; Caillié s'y reposa jusqu'au 30 mai, et prit la route de Kankan avec une quinzaine de compagnons, conduits par un vieux noir nommé Lamfia. Le 11 juin, on était sur le bord d'une rivière de neuf cents pieds de large, qui coule vers le levant. A cette vue, Caillié fut ému : c'était le Niger. On mit une demi-journée à traverser le fleuve dans des bateaux conduits par des esclaves, dont le maître exigea des voyageurs un droit de passage. Abdallahi en fut exempt, en faveur de sa qualité de chérif (on sait que les musulmans donnent ce titre à ceux qui ont été à la Mecque).

On suivit le bord du fleuve pendant quatre jours, après lesquels on arriva à Kankan, patrie du vieux Lamfia. On tint pour Caillié un palaver, et, lorsqu'il eut répondu à toutes les questions qu'on lui adressait, on lui donna l'autorisation de rester dans la ville jusqu'à ce qu'il eût trouvé une occasion pour Jenné. Il ne put l'avoir que le 16 juillet ; c'était au milieu de la saison pluvieuse ; aussi la marche fut-elle très-pénible, et par malheur Caillié était blessé au talon gauche ; il était cependant obligé de suivre ses compagnons, qui sans cela l'eussent laissé en arrière : la nécessité doubla ses forces et lui permit d'atteindre le premier village du Ouassoulo. Les habitants sont d'une grande malpropreté, d'une douceur extrême et d'une gaieté perpétuelle; la musique qui anime leurs danses la moitié de la nuit, se compose de cornes droites de bois creux, recouvertes à l'extrémité la plus large d'une peau de mouton, et percées d'un petit trou sur le côté; d'une grosse-caisse, d'un tambour de basque et d'un cliquetis d'anneaux de fer; quelques musiciens agitent de gros haricots dans une calebasse recouverte d'un filet. Les hommes et les femmes suivent en dansant et en frappant des mains.

Ce qui frappa le plus le voyageur dans les fertiles plaines de Ouassoulo, ce fut le travail des champs accompli par des mains libres. « Je voyais, dit-il, beaucoup d'ouvriers répandus dans la campagne qui piochaient la terre et la remuaient aussi bien que nos vignerons; ce ne sont pas les esclaves des Mandingues qui se contentent d'effleurer le sol pour détruire les mauvaises herbes, mais de vrais laboureurs. Je fus étonné de trouver l'agriculture à un tel degré d'avancement; leurs sillons sont aussi bien soignés que les nôtres. » Les Foulahs sont sales et dégoûtants; leurs habits ne sont jamais lavés; leur peau est infectée de beurre rance; ils ont la figure tailladée et les dents limées, ils sont tous robustes et bien portants; leurs champs et leurs bestiaux fournissent abondamment à leur subsistance, la viande est réservée pour les jours de fête, et le sel est du luxe. Les femmes fabriquent elles-mêmes leur vaisselle de terre, filent et tissent le coton; quand elles présentent quelque chose à leurs maris, elles mettent un genou en terre. Les hommes portent, comme les femmes, des bracelets aux mains et aux pieds, des colliers de verre et des boucles d'oreilles, et tressent comme elles leurs cheveux enduits de beurre. Ce sont eux qui élèvent la volaille et donnent les premiers soins aux poulets. Nulle part le voyageur ne reçut un plus cordial accueil. « C'est un blanc, » disaient-ils. La longueur de son nez les étonnait. Tous les soirs, ils allumaient des poignées de paille pour le contempler, demandant au guide si la blancheur de sa peau était bien naturelle; le parapluie dont il était muni était un objet de curiosité; ils ne pouvaient concevoir comment cette machine s'ouvrait et se fermait à volonté. Dès qu'une troupe l'avait vu, elle allait chercher ses voisins, et la case où il logeait était toujours pleine. Ce fut le 3 août que Caillié, épuisé de fatigue, souffrant de la fièvre et d'une large plaie au pied, arriva à Timé, petit village de noirs musulmans, où une bonne vieille lui donna l'hospitalité.

Les pluies continuelles et l'abondance qui régnait à Timé décidèrent le voyageur à attendre que sa plaie fût guérie. Une seconde plaie se déclara dans le mois de septembre, mais ce n'était encore que le prélude du mal plus terrible qui allait le conduire à deux doigts du tombeau. « Vers le 10 novembre, dit-il, après plus de trois mois de séjour, la plaie de mon pied était presque fermée; j'avais l'espoir de profiter de la première occasion et de me mettre enfin en route pour Jenné. Mais, hélas! à cette même époque, de violentes douleurs dans la mâchoire m'apprirent que j'étais atteint du scorbut, affreuse maladie que j'ai éprouvée dans toute son horreur. Mon palais fut entièrement dépouillé, une partie de mes os se détachèrent; mes dents semblaient ne plus tenir dans leurs alvéoles : je craignais que mon cerveau ne fût attaqué par la force des douleurs que je ressentais dans le crâne; je fus plus de quinze jours sans goûter un quart d'heure de sommeil. Pour comble de douleur, la plaie de mon pied se rouvrit, et je voyais s'évanouir tout espoir de partir. Que l'on s'imagine ma situation! Seul dans l'intérieur d'un pays sauvage, couché sur la terre humide, sans autre oreiller que le sac de cuir qui contenait mon bagage, sans autre garde ni médecin que la bonne vieille négresse, qui, deux fois par jour, m'apportait un peu d'eau de riz, je devins un véritable squelette. Au bout de six semaines je me trouvai mieux, grâce à une femme qui me traita à la manière du pays, et me guérit. »

Le 9 janvier 1828, le voyageur se remit en route; une trentaine de négresses ouvraient la marche, la tête chargée de noix de kollas, quarante à cinquante nègres également chargés suivaient à la file; le cortége était fermé par une quinzaine d'ânes que conduisaient huit chefs. Aux haltes, les femmes broyaient le mil, et faisaient chauffer l'eau pour le bain habituel des hommes. Tandis que les esclaves allaient chercher le bois nécessaire, les nègres libres visitaient leur charge de noix de kollas, y mettaient des feuilles fraîches, ou en échangeaient contre des cauris, seule monnaie du pays. Faisons remarquer, en passant, que ces peuples ne comptent pas par centaines, mais par quatre-vingtaines; le cent se dit chez eux une quatre-vingtaine et vingt.

Pendant deux mois de marche vers le nord, Caillié rencontra partout des Foulahs *Bambaras*, simples et inoffensifs, presque nus, parés de coquillages, insouciants de l'avenir, toujours en fêtes, souvent enivrés de mil fermenté, passant les nuits à danser en rond autour d'un grand feu. Ils sont très-malpropres, et logent dans des cahuttes de terre que chauffe comme un four le feu qu'ils y entretiennent en tout temps, et d'où la fumée chasse les voyageurs, réduits à coucher à la belle étoile.

Les femmes ont un morceau de bois de la largeur d'une pièce de trente sous, et très-mince, incrusté dans la chair, au-dessous de la lèvre inférieure; les petites filles en ont un de la grosseur d'un pois, qu'elles changent successivement pour un morceau plus grand.

Le 21 février, la caravane entra sur le territoire du roi de Jenné; elle comptait cinq cents noirs ou négresses, et quatre-vingts ânes. Comme on redoutait une attaque, on prit une attitude de défense; les hommes armés d'arcs et de flèches formaient l'avant-garde, les vieillards et les ânes restaient en arrière, et les femmes occupaient le centre. Ces préparatifs furent inutiles.

A part l'autorité universelle des vieillards, le seul magistrat aperçu par le voyageur fut un homme enfermé dans une sorte de sac noir à coulisse, les

mains et les pieds nus, la tête ornée de plumes
d'autruche blanches, avec quatre ouvertures garnies d'écarlate pour les yeux, le nez et la bouche.
Cet homme, assis, un fouet à la main, à l'entrée
des villages, auprès d'un sac de cauris, percevait le
droit de passage, auquel nul voyageur ne peut se
soustraire.

Enfin Caillié arriva à Jenné le 11 mars, après
avoir traversé deux branches du Niger (qu'on appelle le *Dhioli-bá*), car Jenné forme une ville enclavée dans une île beaucoup plus grande.

Le lendemain, Abdallahi fut présenté aux principaux du lieu, puis au chef de la ville : ce chef,
Foulah de la famille royale, très-âgé, très-gros et
très-aveugle, se fit raconter l'histoire du voyageur,
et, après avoir déploré ses malheurs, lui permit de
demeurer à Jenné.

Caillié eut deux hôtes : un chérif qui l'avait pris
en amitié lui envoyait régulièrement deux bons
repas par jour, et un autre lui donna un petit
réduit et une natte dans une maison qui servait à
la fois de logement aux esclaves et de magasin aux
marchandises. Il s'occupa de vendre sa pacotille,
et acheta des étoffes du pays, qui étaient d'un
grand débit à Tombouctou. Son ami le chérif, qui
lui avait servi de courtier, lui donna un grand
repas qu'il raconte ainsi : « J'entrai dans une grande
chambre assez propre, éclairée par une ouverture
à la voûte ; une lampe entretenue par du beurre
végétal était accrochée par une corde au plafond ;
un matelas, tendu par terre sur une natte, un chandelier en cuivre de fabrication européenne, avec

une bougie du pays, et une petite armoire creusée dans le mur, fermant avec une serrure comme les nôtres, composaient tout l'ameublement. Quelques sacs de grains étaient debout dans un coin de la pièce; je montai par un grand escalier sur la terrasse, où je vis plusieurs petites galeries à compartiments, sans meubles. On me fit asseoir auprès d'une natte, sur un petit coussin rond en cuir; je me trouvai en compagnie de sept Arabes et d'un noir, marchand de Jenné. Le chérif fit apporter au milieu de nous une petite table ronde ornée symétriquement de plaques d'ivoire et de cuivre; on servit un grand plat d'étain couvert d'un énorme morceau de mouton aux oignons; le chérif tira d'un panier de petits pains d'une demi-livre, faits avec de la farine de froment et du levain, qu'il distribua par morceaux, et que je trouvai délicieux. Nous mîmes tous les doigts au plat, mais avec une sorte de politesse. Après le repas, vint le thé; le chérif étala ce qu'il avait de plus beau; on apporta dans une boîte un petit service en porcelaine, que le chérif posa sur un plateau en cuivre; les tasses, très-petites, nous furent données dans des soucoupes à pied de la forme d'un coquetier : nous prîmes chacun quatre de ces tasses de thé avec du sucre blanc. »

Le ville de Jenné (Djenné, Dhienné) est entourée d'un mur de trois quarts de lieue de tour, et enferme une population de dix mille âmes. Les maisons, aussi grandes que celles des villages de France, sont construites en briques rondes, séchées au soleil; les plus hautes n'ont qu'un étage;

elles sont toutes à terrasse, et ne reçoivent de jour que sur les cours. Leur unique entrée est pourvue d'une porte en planches, fermée en dedans avec une chaîne en fer, et en dehors avec une serrure de bois du pays, ou bien un cadenas européen. Les rues, étroites et tortueuses, sont exactement balayées chaque jour. Le seul édifice qui se fasse remarquer au milieu de ces terrasses à peu près pareilles est une grande mosquée en terre, dominée par deux tours massives peu élevées, et abandonnées aux hirondelles.

Le marché de Jenné est assez bien approvisionné de marchandises d'Europe ; des bouchers y étalent la viande fraîche ou fumée, les marchands vont aussi crier par les rues les noix de kollas, le miel, le beurre animal et végétal, le sel, le bois à brûler apporté par les femmes, de quatre à cinq lieues. Les principaux commerçants sont une quarantaine d'Arabes, qui occupent les plus belles maisons de la ville ; assis sur une natte devant leur porte, à côté des planches de sel qu'ils étalent, ils font vendre par les esclaves les articles que leurs correspondants leur fournissent, laissant aux Foulahs le commerce des choses communes.

Tout le monde est proprement vêtu ; les femmes ont la cloison du nez percée, les unes y mettent un anneau d'or ou d'argent, les autres un morceau de soie rose ; elles portent au poignet des bracelets en argent de forme ronde, et à la cheville un cercle plat de fer argenté, large de quatre doigts.

Le chérif avait procuré à Caillié une embarcation

pour Tombouctou; pour le récompenser, celui-ci lui donna son fameux parapluie, qui avait produit à Jenné un merveilleux effet; l'Arabe, enchanté du cadeau, lui remit une lettre de recommandation pour son correspondant, paya trois cent cinquante cauris (environ 15 francs), pour qu'il fût défrayé de sa nourriture pendant sa route, enfin lui donna quatre bougies de cire jaune, et une pâte de farine de mil et de miel à mettre dans son eau; un jeune Arabe, en retour d'une paire de ciseaux, joignit à ces provisions du pain de froment séché au four.

Le 23 mai, Caillié s'embarqua sur un petit bateau chargé de marchandises sèches et d'une vingtaine d'esclaves à vendre. Ces esclaves valent à Jenné de trente-cinq à quarante mille cauris (cent cinquante à deux cents francs). « Vers les deux heures, dit la narration, nous atteignîmes le majestueux Niger, qui vient lentement de l'ouest à l'est; très-profond en cet endroit, il a trois fois la largeur de la Seine au Pont-Neuf; ses rives sont très-basses et très-découvertes. »

Deux jours après, la cargaison fut transportée sur un bateau plus grand, faisant partie d'une flottille de six autres, allant tous à Cabra; ces bateaux, pouvant porter environ soixante tonneaux, sont construits avec des planches de cinq pieds de long, sur huit pouces de large et un pouce d'épaisseur, ajustées et réunies ensemble au moyen de cordes du pays, qui se conservent longtemps sous l'eau. Le moindre vent menace de submerger ces fragiles embarcations; lorsque les rives sont à découvert, les mariniers, tous noirs esclaves, tirent les bateaux à la cordelle, ou, s'ils peuvent atteindre le fond, les poussent avec de longues perches; lorsque les rives sont boisées ou le fleuve trop profond, ils naviguent avec des rames plates, de trois pieds de long : les rameurs manœuvrent très-vite et observent la mesure. Les cinq semaines que Caillié passa sur le Niger furent très-pénibles; réduit à la ration du riz cuit à l'eau, que l'on donne aux esclaves que l'on va vendre, il passait les nuits plié en deux sur les bagages, obligé le jour de se tenir caché pour échapper aux recherches des Touariks du rivage, qui viennent se faire payer des droits de passe. Ces terribles douaniers traitent assez bien les noirs, mais ils sont impitoyables pour les Arabes.

Les rives du fleuve présentent partout des plaines immenses et majestueuses, où se distinguent à peine les cabanes de paille des Foulahs ou les tentes des Touariks. L'eau est couverte d'oiseaux aquatiques; les hippopotames y sont assez nombreux, ainsi que les caïmans.

Le premier avril, on arriva au vaste lac Debo (Diebou, Dyebon, Dibbi), que le fleuve traverse; en apercevant cette mer intérieure, chaque embarcation faisait une décharge de mousqueterie, et poussait des acclamations de joie. Dans le lac, Caillié remarqua trois îles, auxquelles, suivant l'usage des navigateurs, il donna des noms; il les appela îles *Saint-Charles, Marie-Thérèse* et *Henri*, en l'honneur du roi de France, de sa fille et du duc de Bordeaux.

Enfin, le 19, la flottille arriva à Cabra, port de Tombouctou. Il y trouva les esclaves du correspondant de son chérif de Jenné, qui l'emmenèrent avec eux. Laissons le voyageur raconter les sensations qu'il éprouva en apercevant Tombouctou.

« Partis de Cabra à trois heures (le 20 avril), nous arrivâmes au moment où le soleil touchait à l'horizon; je voyais donc cette capitale du Soudan, qui depuis si longtemps était le but de mes désirs. En entrant dans cette cité mystérieuse, objet des recherches des nations civilisées de l'Europe, je fus saisi d'un sentiment inexprimable de satisfaction; je n'avais jamais éprouvé une sensation pareille, et ma joie était extrême. Mais il fallut en comprimer les élans. Ce fut au sein de Dieu que je confiai mes transports. Avec quelle ardeur je le remerciai de l'heureux succès dont il avait couronné mon entreprise! Que d'actions de grâces j'avais à lui rendre pour la protection éclatante qu'il m'avait accordée au milieu de tant d'obstacles et de périls qui me paraissaient insurmontables! Revenu de mon enthousiasme, je trouvai que le spectacle que j'avais sous les yeux ne répondait pas à mon attente : je m'étais fait de la grandeur et de la richesse de cette ville une tout autre idée. Elle n'offre au premier aspect qu'un amas de maisons en terre, mal construites; dans toutes les directions, on ne voit que des plaines immenses de sable mouvant, d'un blanc tirant sur le jaune et de la plus grande aridité. Le ciel à l'horizon est d'un rouge pâle; tout est triste dans la nature; le plus grand silence y règne; on n'entend pas le chant d'un seul oiseau. Cependant il y a je ne sais quoi d'imposant à voir une grande ville élevée au milieu des sables, et l'on admire les efforts qu'ont eu à faire ses fondateurs. »

Conduit chez son hôte, Caillié fut reçu d'une manière toute paternelle, et put se livrer à ses observations sur la ville et ses habitants, quoiqu'il ne pût le faire sans les plus grandes précautions. Pour prendre ses notes ou dessiner quelques croquis, il choisissait un lieu écarté, et là, sur ses genoux, il plaçait son papier qu'il recouvrait d'une feuille du Coran; s'il était surpris, il marmottait les paroles du livre sacré, et semblait se livrer à la méditation. Cette conduite lui valut l'estime universelle; ses aventures furent bientôt connues; on le nommait le *pauvre Abdallahi*.

Tombouctou est habité par les nègres de la nation Kissour et par les Maures marchands; Osman, le roi nègre, est lui-même marchand. Très-respecté et très-simple, son costume est celui des Maures. La ville peut avoir trois milles de tour : elle forme une espèce de triangle; les maisons sont spacieuses, peu élevées, et n'ont qu'un rez de chaussée. Quelques-unes ont un cabinet au-dessus de la porte d'entrée; elles sont construites en briques de forme ronde, roulées dans les mains et séchées au soleil; les rues sont propres et assez larges pour trois cavaliers de front; en dedans et en dehors on voit beaucoup de cases en paille comme celles des Foulahs pasteurs; elles servent de logement aux pauvres et aux esclaves. On compte dans la ville sept mosquées, dont deux grandes qui sont surmontées chacune d'une tour en briques dans laquelle on monte par un escalier dérobé. Du haut de ces tours on ne découvre qu'une immense plaine de sable blanc; quelques palma-christi rompent seuls l'uniformité du paysage. Cette absence d'arbres fait que le bois est extrêmement cher; les riches peuvent seuls en brûler, les pauvres se servent de fiente de chameau; l'eau même se vend au marché.

Voici comment on construit les maisons : on creuse dans la ville à quelques pieds de profondeur, et le sable qu'on en tire sert à fabriquer les briques dont nous avons parlé. Chaque maison forme un carré contenant deux cours extérieures, autour desquelles sont disposées les chambres, qui sont chacune un carré long fort étroit, servant en même temps de magasin et de chambre à coucher. Ces pièces ne reçoivent le jour que par la porte d'entrée et par une autre plus petite donnant sur la cour intérieure. Elles n'ont ni fenêtres ni cheminées. Les portes sont bien solides; les ventaux sont des planches assemblées par des barres et des clous qui viennent de Tafilet; on les ferme au moyen de serrures fabriquées dans le pays; elles sont de bois, de même que la clé; ces serrures ne fermant pas à l'intérieur, on y supplée par une barre maintenue par une chaîne. Les toits des maisons sont en ronnier, arbre qui croit sur les bords du fleuve, et qu'on fait venir à grands frais.

Tous les habitants natifs sont zélés musulmans; ils sont doux, affables, industrieux et intelligents dans le commerce; les hommes sont droits, et ont une démarche assurée. Leur teint est d'un beau noir foncé; ils sont d'une grande propreté dans leurs maisons et sur leur personne. Les ustensiles de ménage consistent en quelques calebasses et en quelques plats, et il n'y a pas d'autres meubles que des nattes pour s'asseoir. Le lit se compose de quatre piquets fichés en terre à une extrémité de la chambre, sur lesquels on tend des nattes ou une peau de bœuf; les riches ont un matelas de coton et une couverture fabriquée avec le poil des chameaux ou la laine des moutons.

La population de Tombouctou, qui est d'environ douze mille âmes, se compose des natifs, des Maures, des Foulahs et des Touariks. Le costume des hommes ne diffère de celui des femmes que par la coiffure; ils ont l'habitude de porter jour et nuit une bande de toile de coton qui leur passe sur le front, descend sous les yeux, et même très-avant sur le nez, car ils sont obligés de lever un peu la tête pour y voir; cette bande, après avoir fait un ou deux tours sur la tête, vient passer sous le nez et descend un peu plus bas que le menton; de sorte qu'on ne leur voit que le bout du nez; ils ne l'ôtent ni pour manger ni pour fumer; ils ne font que soulever cette bande, que les nègres nomment *fatara*.

Les Touariks sont bons cavaliers, belliqueux, mais cruels; ils sont armés de trois ou quatre piques et d'un poignard, qu'ils portent au bras gauche, la lame dirigée en haut. Ils ont une espèce de bouclier de cuir de bœuf tanné, travaillé avec beaucoup de soin et couvert de jolis dessins. Ces boucliers sont assez larges pour les abriter entièrement. Leur physionomie est celle des Touariks dont nous avons déjà parlé.

Le marché de Tombouctou ressemble à celui de Jenné, et le commerce s'y fait de la même manière.

Tous les habitants font deux bons repas par jour. Les noirs aisés déjeunent, comme les Arabes, avec du pain de froment, du thé et du beurre.

Caillié se reposa pendant quinze jours, et les soins de son hôte ne se démentirent pas. Au moment de le quitter, cet homme généreux lui donna des vivres pour le long voyage qu'il allait faire à travers le désert, et y ajouta une magnifique couverture de coton.

Voilà donc encore une fois Abdallahi en route; mais il regagnait la France, mais il avait vu Tombouctou; une seule pensée le tourmentait, c'était la crainte de succomber dans le désert avant d'avoir fait connaître à sa patrie le résultat de son aventureux voyage.

Il partit le 4 mai 1828, assis sur un chameau qu'il avait loué du produit des étoffes achetées à Jenné, avec une nombreuse caravane qui s'augmenta graduellement et devint forte de quatorze cents chameaux. Pendant ce long voyage, qui dura trois mois, en y comprenant les divers séjours, Caillié eut à souffrir de la soif et des mauvais traitements de ses compagnons de route; nous ne le suivrons pas dans cette partie de son itinéraire; bien que son récit soit plein d'intérêt, il n'offre rien de nouveau, que quelques particularités importantes pour lui, mais qui ne peuvent trouver leur place dans cet ouvrage (1). Bornons-nous donc à dire qu'il arriva à Tanger le 7 septembre 1828. Le consul français, M. Delaporte, le reçut avec des transports de joie légitimés par le succès de son entreprise ; il obtint du commandant de la station française qui bloquait alors Cadix une goëlette pour le transporter à Toulon. Le 8 octobre, Caillié était débarqué à Toulon, et le 5 décembre la Société de géographie lui décernait le grand prix qu'il avait mérité.

CHAPITRE XVI

RICHARD ET JOHN LANDER. (1830—1835.)

Malgré les nombreuses et importantes découvertes de Clapperton, l'embouchure du Niger

---

(1) A six jours de marche de Tombouctou, on montra à Caillié l'endroit où, deux années auparavant, gisait le corps du major Laing, abandonné aux oiseaux de proie du désert. Il recueillit les détails de sa mort. Déjà, à Tombouctou, on lui avait raconté ce funeste événement ; la maison qu'il occupa n'était séparée que par la largeur de la rue de celle qu'avait habitée Laing en 1826.

restait toujours inconnue. Aux opinions déjà existantes venait se joindre celle de Denham : il supposait que le fleuve Châry, que nous avons vu se jeter dans le lac Tchad, n'était que le Niger ; Richard Lander, au contraire, croyait avec Clapperton que cette embouchure était dans le golfe de Benin, et il s'offrit pour aller résoudre ce grand problème. La sagacité qu'il avait montrée lors de son retour, son courage et sa persévérance assuraient presque le succès de son entreprise, s'il pouvait réussir à éviter la mort dont tous ses devanciers avaient été victimes. Il s'adjoignit son frère John ; tous deux partirent le 9 janvier 1830, sur un bâtiment de l'État, et le 22 mai ils étaient à Badagri avec leur ancien guide Pascoé. Le roi Adouli eut beaucoup d'attention pour les voyageurs, mais il ne voulait pas accorder la permission de traverser ses États ; ce ne fut qu'au moyen de nombreux présents souvent répétés qu'il finit par y consentir.

Pour se rendre à Eyeo, les deux frères suivirent à peu de chose près la route de Clapperton, et complétèrent les observations de ce voyageur. A Eyeo encore, il fallut entamer de longues et pénibles négociations avec le roi Ebo. Lander voulait gagner par le chemin le plus court le Niger, dont il n'était qu'à quarante milles, mais le roi exigeait qu'il gagnât Youri (il l'appelle dans sa relation Yaouri) ; force fut de se résigner à prendre cette route, quoiqu'elle fût de trois cents milles et beaucoup plus périlleuse.

En quittant Eyeo, les voyageurs se trouvèrent

dans une région qui ressemblait peu aux régions
déjà parcourues : au lieu des plaines fertiles qu'ils
avaient traversées, ils avaient devant les yeux une
contrée escarpée et montagneuse, couverte de forêts
immenses servant de retraites à des lions, à des
léopards et à une multitude de bêtes sauvages,
moins dangereuses cependant que les bandes de
voleurs dont ce pays était infesté, et devant lesquelles les naturels du Yarriba prenaient toujours
la fuite.

La petite rivière de Moussa sépare le Yarriba
du Kiama, territoire coupé agréablement par des
montagnes, des forêts, des plaines cultivées. Les
habitants sont vains, courageux, habiles dans les
exercices militaires, ardents dans leur amitié
comme dans leur haine. Le roi, quoique mahomé-
tan, conserve encore un peu de respect pour les
rites païens, et les murs de ses cabanes sont couverts de fétiches, qui sont comme les sauvegardes
de son pouvoir. Dans la ville de Kiama, nos voyageurs assistèrent à une course de chevaux, qui
avait attiré un grand nombre de spectateurs;
voici la description de cette singulière fête, telle
que la donne la narration : « Les chevaux et les
cavaliers parurent; les hommes portaient des bonnets, de larges tobés, des pantalons de toutes couleurs, des bottes de maroquin rouge, des turbans
de toile de coton, bleus et blancs. Les chevaux,
élégamment caparaçonnés, avaient la tête couverte
de petites cloches de métal, et le poitrail orné de
drap écarlate et de glands de soie et de coton. Sur
la selle était placé un large coussin piqué, recou-

vert de morceaux d'étoffe rapprochés et cousus ensemble, de façon à faire broderie; de petits charmes enfermés dans du drap rouge et jaune étaient attachés à la bride, avec de petites plaques d'étain. Les selles et les éperons étaient pareils à ceux des Arabes. Le signal fut donné; les coursiers, impatients, s'élancèrent et partirent au grand galop. Les cavaliers brandissaient leurs lances; les petits enfants agitaient leurs queues de vache, les mousquets firent feu. Le chef, monté sur un très-beau cheval, suivait de l'œil les progrès des coureurs, tandis que des larmes de joie tombaient de ses yeux. Le soleil brillait dans toute sa pompe sur les tobés verts, jaunes, rouges, bleus et blancs, qui flottaient à la brise : ces coiffures de toutes formes et de toutes couleurs, ces lances du plus beau poli, le carillon des clochettes suspendues au cou des chevaux, ces cavaliers aux regards pleins de feu, à l'air martial, formaient un spectacle des plus extraordinaires et des plus variés. La victoire fut chaudement disputée, et la course ne finit que lorsque les chevaux furent fatigués et hors d'haleine. »

Le roi, dont la réception fut bienveillante, fit encore changer l'itinéraire de Lander; au lieu d'aller à Boussa par Waoua, il s'y rendit par Kakafungi, Coubly et Zali, et il arriva le 17 juin. Admis presque aussitôt en présence du roi et de sa femme, qui se nomme la Mediki, les voyageurs trouvèrent l'illustre couple dans la désolation : c'était, disait-il, parce qu'il avait appris le matin même la mort de Clapperton. Un miroir de poche et quelques cadeaux consolèrent les souverains, qui semblaient jouer la comédie.

Lander, malgré l'amicale réception du roi, ne voulut pas cependant lui avouer qu'il désirait remonter le Niger, de peur d'éveiller sa jalousie; mais il lui demanda de le faire conduire à Youri, prétextant qu'il allait dans le Bornou. En sortant de Boussa, le Niger est divisé en une foule de branches par de nombreux rochers et des bancs de sable qui en rendent la navigation très-difficile et dangereuse pour les bateaux de quelque grandeur; les bords en sont bas, fertiles et couverts de villages; à peu de distance de Youri, ces difficultés disparaissent, et le fleuve coule dans toute sa majesté. La rapidité de la navigation était cependant retardée par la nonchalance du maître du canot, ou, comme on le nommait, du *roi du canot*, qui excusait la lenteur de ses mouvements en disant : « Les hommes blancs sont plus difficiles à transporter que des œufs, et il faut prendre avec eux plus de précautions. » Et quand on le suppliait de se hâter : « Les rois ne voyagent pas comme les autres hommes, répliquait-il, et je veux vous conduire comme des rois. » Enfin, après avoir débarqué dans un petit village à huit milles de Youri, les voyageurs montèrent à cheval, et entrèrent dans la ville par un passage fortement défendu et fermé d'une immense porte couverte de plaques de fer.

Le lendemain, le sultan leur accorda une audience; on les conduisit au palais, groupe d'édifices enclos de hautes murailles; où leur fit traverser une avenue basse soutenue par des colonnes, aussi sombre qu'un souterrain, et ils entrèrent dans une cour carrée. Le sultan y était assis seul sur un morceau de tapis avec un oreiller de chaque côté, et devant lui une brillante casserole en cuivre; il avait l'air non-seulement ignoble, mais sale et dégoûtant. C'était un homme replet, à grosse tête, l'air bon vivant, quoique avec quelque chose de dur dans la physionomie. Il commença par se plaindre que ni Clapperton ni même Lander, dans le précédent voyage, n'eussent daigné le visiter. Lander s'excusa en disant que, s'il ne l'avait pas fait, c'est qu'il n'avait pas d'objets pour lui faire des présents dignes de lui. Cette réponse ne le satisfit nullement, et la visite se termina là. Le but de cette excursion de Lander était de s'assurer de l'existence des papiers de Park, car le sultan avait précédemment écrit à Clapperton que ces papiers étaient en sa possession. Interrogé à ce sujet, il répondit: « Comment voulez-vous que j'aie les papiers d'un homme tué à Boussa? » Il était évident que sa lettre à Clapperton avait été écrite dans le but de l'attirer à Youri et de lui soutirer des présents; ainsi, sous ce rapport, ce fut une course inutile; elle mit seulement Lander à même de visiter un pays totalement inconnu. Voici ce qu'il dit de Youri: « La ville est d'une étendue prodigieuse, et on la croit une des plus populeuses de tout le continent; ses murailles, de vingt à trente milles de circuit, sont hautes et fortes, quoique de terre; elle a huit portes. Un marché assez mal fourni se tient tous les jours sous des hangars commodes; on y vend des produits du sol et quelques objets fabriqués, comme de la poudre, des selles, des toiles, etc. Les femmes riches portent leurs cheveux très-artistement tressés et teints en bleu avec de l'indigo; leurs lèvres sont également barbouillées de jaune et de bleu, ce qui leur donne un air des plus étranges; elles se noircissent aussi les yeux avec de la poudre d'antimoine, usage qui n'est point particulier à cette ville, mais général dans tous les pays que nous avons visités.

« Il en est de même du henné; les femmes riches s'en servent avec profusion : elles appliquent simplement les feuilles pliées de la plante sur les dents, et en font une pâte dont elles se couvrent les ongles des mains et des pieds, le soir en se couchant. Quant aux femmes pauvres, elles se servent du tatouage.

« Ainsi que les maisons des principaux habitants, la résidence du sultan a deux étages; un escalier en terre massive et grossière conduit aux appartements supérieurs, qui sont assez élevés. La plupart des maisons sont de forme circulaire; quelques habitants en ont cependant de carrées, et celles du sultan, groupées ensemble, n'ont aucune forme régulière. Les habitants arrosent les planches de leurs cabanes et les parois intérieures des murailles deux ou trois fois par jour avec une solution de bouse de vache et d'eau. Cette attention entretient dans l'intérieur de l'habitation une fraîcheur à laquelle contribue encore l'obscurité qui y règne.

« Cet usage, commun aux naturels de l'ouest, du

centre et même du nord de l'Afrique, se retrouve dans les Indes orientales.

« Entre les groupes de huttes qui forment la ville de Youri, beaucoup de terrains fertiles sont abandonnés aux bestiaux ou consacrés au jardinage et à l'agriculture. Il y a une grande variété d'arbres dans l'intérieur, tels que citronniers, palmiers, arbres à beurre et dattiers; ces derniers ne donnent jamais de fruits. Il nous a été impossible d'estimer même approximativement le nombre des habitants. »

Le séjour des deux frères se prolongea pendant cinq semaines. Pour descendre le Niger, il fallait repasser à Boussa; et comment expliquer au roi ce projet? Ils se tirèrent d'embarras par un mensonge officieux; ils lui envoyèrent un messager chargé de lui dire qu'ayant épuisé tous leurs présents, ils ne pouvaient continuer leur voyage, et qu'ils étaient obligés de retourner à la côte en chercher de nouveaux; que, pour cela, ils lui demandaient un canot qui les conduirait à Funda. La réponse fut favorable, mais elle n'arriva qu'au bout de quelques semaines, pendant lesquelles ils s'ennuyèrent beaucoup, le sultan ne leur accordant même pas la permission de sortir de leur hutte, où ils étaient sans cesse tourmentés par les nombreux visiteurs qui voulaient obtenir des présents.

Les voyageurs purent enfin quitter cette ville inhospitalière; ils s'embarquèrent sur le Cubbei, rivière qui se jette dans une branche du Niger autre que celle par où ils étaient arrivés. Les nombreuses villes et les villages dont les bords du Niger sont couverts ont pour habitants les Cumbriens, race pauvre, méprisée, injuriée, mais industrieuse et infatigable au travail. Ils sont doux, innocents et hospitaliers; la réception du roi de Boussa fut, comme la première fois, cordiale et généreuse, mais, avant d'accorder le canot qu'il avait promis, il insista pour que les voyageurs allassent présenter leurs hommages au roi de Waoua, c'est-à-dire lui donner des présents. Six jours de route, par un chemin marécageux, conduisirent les voyageurs à Waoua. « Nous avons pénétré dans la ville, dit la narration, par l'entrée de l'ouest, et, nous trouvant sur la promenade, nous avons mis nos chevaux au galop jusqu'à la résidence du roi, et tiré deux coups de pistolet, ainsi qu'on nous l'avait demandé, pour signaler notre arrivée. Sa Majesté est venue au-devant de nous; mais, comme le messager de Boussa n'était pas à portée, et que, suivant l'étiquette, on ne peut converser sans lui, le vieux chef a attendu avec une patience admirable durant deux heures. De chaque côté de l'entrée une vaste niche est pratiquée dans le mur; le roi, les mains croisées sous son tobé, se tenait immobile dans l'une, et dans l'autre un jeune homme noir, entortillant ses jambes autour d'une perche qui y était placée, attendait avec une anxiété qui ne lui permettait pas de respirer, l'audience dont il voulait être témoin. Deux êtres vivants ne pouvaient ressembler davantage à des statues; l'illusion était complète : le roi ne remua pas un muscle, et se maintint dans sa position jusqu'à l'arrivée du messager. — Alors on nous conduisit au roi, auquel on nous présenta avec beaucoup de cérémonies. Mais le grave et original vieillard ne nous donna une poignée de main qu'à travers le tobé, dans lequel il tenait ses mains enveloppées, sans condescendre à lever les yeux sur nous, de peur d'être regardé en face, chose pour laquelle il a une invincible antipathie. L'entrevue ne dura qu'un moment, et nous fûmes conduits à la maison qu'avait occupée feu le capitaine Clapperton. Le lendemain, nous remîmes au roi nos présents; il les accueillit avec plaisir, et nous dit : « Je suis bien heureux aujourd'hui ; jamais je n'aurais pu sortir de ce monde en paix si vous aviez quitté ce pays sans rendre visite au roi de Waoua. »

Le séjour dans cette ville et le retour à Boussa ne furent signalés par aucun incident remarquable; Lander, aussitôt son arrivée, reprit les négociations pour se procurer un canot; le roi consentit enfin à lui en fournir un moyennant dix mille cauris. Réunir cette somme était chose difficile; tous les objets de vente étaient épuisés; le marché était encombré de boutons et d'aiguilles, et les autres bagatelles avaient été employées à l'achat des provisions. — Lander expédia dans les villes voisines des courtiers avec des aiguilles et des boutons, ce qui eut un plein succès; en même temps il vendit fort cher des boîtes de fer-blanc qui avaient contenu des tablettes de bouillon. « Leurs étiquettes de fer-blanc, dit-il, bien que ternes et noircies, excitèrent l'envie et l'admiration des naturels; l'un d'eux nous a grandement divertis : il se pavanait fièrement, se prélassant de côté et d'autre, orgueilleux, triomphant, rencontrant partout de brillants regards et des sourires d'approbation, en portant sur sa tête affiché à quatre endroits différents : *Jus de viande concentré* (concentrated gravy). »

Pendant cette dernière station à Boussa, Lander fut témoin de la scène suivante, que nous croyons digne d'être citée textuellement :

« Vers dix heures du soir, nous étions profondément endormis, quand un grand cri de détresse, poussé par d'innombrables voix, accompagné d'un horrible cliquetis et d'un mélange de bruits assourdissants, que le calme de la nuit rendait encore plus terribles, nous éveilla en sursaut. Avant que nous fussions remis de notre surprise, Pascoé, hors d'haleine et l'air épouvanté, se précipite dans la hutte, et nous dit d'une voix tremblante que le soleil traînait la lune à travers les cieux. Curieux de connaître l'origine de cette étrange et ridicule histoire, nous courûmes dehors, à moitié habillés, et nous découvrîmes qu'il y avait éclipse totale de lune. Une quantité de gens s'étaient réunis dans notre cour; persuadés que le monde touchait à sa fin, et que ce n'était là que le commencement des douleurs, ils nous apprirent que les prêtres mahométans, personnifiant le soleil et la lune, avaient dit au roi que l'éclipse était causée par l'obstination et la désobéissance du plus petit de ces deux astres. Selon eux, la lune, dégoûtée depuis longtemps du sentier qu'elle avait à parcourir dans le ciel, ce qui n'était pas étonnant, vu que ledit sentier était rempli de ronces, d'épines, et obstrué de mille façons, avait épié une occasion favorable et avait, ce soir-là même, abandonné son ancienne route pour entrer dans celle du soleil. Elle n'avait cependant pu faire beaucoup de chemin dans cette nouvelle voie sans que le soleil s'aperçût de cette innovation ; accouru vers elle, il l'avait masquée et enveloppée de ténèbres pour punir cette insubordination, forçant la coupable à regagner ses propres domaines, et lui interdisant de répandre ses lumières sur la terre. Toute fantastique que fût cette explication, elle avait été accueillie avec une foi entière par le roi, la reine et presque tous les habitants. L'effroyable bruit que nous entendions, car il se continuait avec un redoublement d'énergie, était le résultat des efforts des naturels assemblés, qui espéraient ainsi effrayer le soleil et le forcer à regagner sa propre sphère, et à laisser la lune éclairer paisiblement le monde comme autrefois.

« Tandis qu'on nous donnait ces explications, un messager vint de la part du roi nous inviter à nous rendre tout de suite chez lui. Ayant fini de nous habiller, nous suivîmes l'homme dans la cour royale, et nous y trouvâmes le roi et la Médiki terrifiés, assis tous deux à terre. Nous réussîmes bientôt, sinon à les calmer, au moins à diminuer leurs craintes.

« Nous nous assîmes vis-à-vis et à deux pas du couple, pouvant observer à la fois l'éclipse et le peuple. Nous n'étions guère plus à l'aise que le roi.

Les gestes sauvages et frénétiques des naturels à quelques pas de nous, leurs cris répétés, si hauts et si perçants, finissaient par nous causer une sensation d'horreur difficile à décrire. En face de la maison du roi, il y a de magnifiques cotonniers autour desquels on a arraché l'herbe pour la célébration des jeux; la foule des naturels s'était rassemblée sur ce point, munie de tout ce qu'on avait pu trouver dans la ville capable de faire du bruit. Ils avaient formé un grand et triple cercle, et couraient en tournant avec une étonnante rapidité, criant, hurlant, gémissant de toute leur puissance. Ils agitaient leurs têtes, les jetaient sur l'une et sur l'autre épaule, tordaient leurs corps par mille contorsions, sautaient en l'air, frappaient la terre du pied, et levaient leurs mains au ciel. De petits garçons et de petites filles, restés en dehors du cercle, couraient çà et là, frappant l'une contre l'autre des calebasses vides et pleurant amèrement; des groupes d'hommes soufflaient dans d'énormes trompettes, qui rendaient un son rauque et discordant; d'autres avaient des cornes de bœuf, d'autres frappaient sur des tambours. Au moment de l'éclipse totale, on y voyait encore assez pour distinguer ces différents groupes de gens s'agitant. Un Européen étranger à l'Afrique qui se fût trouvé tout à coup transporté au milieu de ce peuple égaré par la peur, eût pu se croire au pouvoir d'une légion de démons célébrant une orgie pour la bienvenue d'un esprit tombé.

« Heureusement nous avions un almanach prédisant l'éclipse, et quoique nous eussions négligé de prévenir le roi de ce phénomène, nous pûmes du moins lui annoncer le moment précis où les choses reprendraient leur allure habituelle. Cette annonce calma les craintes des habitants, car ils croyaient tout ce que nous disions, et notre infaillibilité en cette circonstance a dû nous faire une réputation durable. « Eh! dit le roi, il y a eu terriblement de douleurs et de cris cette nuit de Waoua à Youri, car ces gens ne vous auront pas là pour les consoler et leur rendre le courage. Ils s'imagineront que cette éclipse est le présage de quelque chose de bien terrible, et seront en une grande détresse et en un grand trouble jusqu'à ce que la lune ait repris son éclat. »

Le 20 septembre 1830, les voyageurs firent leurs derniers adieux à leur vieil et bon ami, et s'embarquèrent sous la conduite du *roi du canot*, leur ancienne connaissance. Ils s'arrêtèrent le même jour à *Patashie*, île fertile où ils prirent d'abondantes provisions, et à trois heures ils abordèrent à *Lever*, à vingt milles de Patashie. Nous ne pouvons entrer dans tous les détails de la relation pour expliquer les difficultés élevées entre les voyageurs et les chefs au sujet des canots à fournir. A chaque relâche ce sont de nouvelles plaintes, et la relation est d'une désespérante monotonie sur ce point. Nous préférons citer le passage dans lequel Lander décrit les bords du fleuve en quittant Lever.

« Le paysage devint plus enchanteur encore; d'énormes arbrisseaux, au feuillage fourni et varié, étalaient toutes les nuances du vert; des plantes grimpantes à verdure éternelle attachaient aux plus hautes branches leurs festons touffus, et, retombant jusqu'à la surface de l'eau, formaient d'immenses grottes naturelles. Mais, quels que soient les charmes qui parent ces sites étrangers, il manque toujours quelque chose au paysage d'Afrique, pour le rendre comparable à nos campagnes. Rarement l'aube s'y éveille aux joyeuses chansons des oiseaux, et cette première heure du matin, qui inspire la gaieté et la bienveillance, est muette en Afrique.

« Ici, point de champs verdoyants, point de haies ornées de jasmin, de pâquerettes, de primevères, de bluets, de violettes ou de ces milliers d'autres jolies petites fleurs qui plaisent à la vue, en exhalant les plus délicieux et les plus suaves parfums. Nulles fleurs ici; on chercherait en vain une petite fleurette isolée : la solitude est complète et d'une solennité qui attriste; un silence de mort règne au milieu de ces perspectives si nobles, si majestueuses; et au milieu de cette joie toute bienveillante, toute pleine de tendresse, qui saisit le cœur en contemplant de si riants paysages, les sales huttes de boue et les naturels indolents qui les habitent souillent de leur aspect ce beau pays, et l'âme se resserre à la vue d'une riche nature qui languit au lieu de s'épanouir. »

Après avoir passé *Litchi*, ville assez considérable, le Niger est bordé par deux rangs de montagnes rocheuses appartenant probablement à la grande chaîne qui traverse toute l'Afrique centrale. Leur aspect est sauvage et triste, mais très-pittoresque ; des arbres rabougris, des buissons chétifs, dont les feuilles semblent grises et flétries, sortent du creux des interstices de rochers, et pendent sur d'immenses précipices, dont ils cachent en partie les crêtes dentelées; au milieu est un roc élevé, appelé par les naturels *Mont Keza* ou *Kezy*, dont la base est couverte d'arbres antiques, et dont les flancs offrent une belle végétation.

A Bili, autre île où les voyageurs s'arrêtèrent, ils trouvèrent un messager envoyé par *Malam-Dendo*, chef de Rabba ; ils reçurent la visite d'un personnage fort important, qui se nomme pompeusement le *Roi des eaux noires*, et qui venait les inviter à visiter son royaume, nommé *Zangoshie*.

Cette île, située en face de Rabba, est couverte par des marais sur lesquels les huttes sont construites de manière qu'elles sont réellement dans l'eau; ses nombreux habitants fabriquent du coton avec lequel ils font des tobés et des pantalons qui sont dignes de sortir des manufactures européennes et qui font l'admiration des nations voisines; d'autres confectionnent des vases de bois, des nattes ou des ouvrages de fer. Mais la vraie richesse sont les canots; le chef en possède plus de six cents. Cent de ces canots sont employés à transporter à Rabba les marchandises et les voyageurs, et procurent de grands bénéfices. La partie du sol qui n'est pas marécageuse est bien cultivée; les naturels sont vêtus avec quelque recherche; ils sont généralement grands, beaux et bien faits; ils sont de la race Fellane.

Rabba, que les voyageurs ne visitèrent pas, parce qu'ils avaient hâte de descendre le fleuve, est peut-être, après Sackatou, la ville la plus considérable soumise au pouvoir des Fellahs; la contrée est très-fertile et couverte non-seulement de riches moissons, mais de grands pâturages où paissent d'immenses troupeaux de chevaux et de bestiaux. Le roi des eaux noires fournit un canot aux voyageurs, et le 16 octobre ils descendirent le fleuve; la vitesse du courant était telle, qu'en deux jours ils firent cent milles. Ils rencontrèrent une bande d'hippopotames qui se jetèrent sur le canot et faillirent le renverser. Le 18, ils relâchèrent à Egga, ville considérable; le chef, vieillard centenaire de bonne mine, les reçut avec surprise et bonté; il voulut même leur donner un échantillon de sa légèreté en exécutant une danse devant eux; mais ses forces trahirent le bonhomme, qui ne put continuer. Egga est la dernière ville du Niffé. Lander savait bien qu'en continuant à descendre le fleuve, ils trouveraient des villes qui sont constamment en guerre les unes avec les autres, et qu'ils échapperaient difficilement aux troupes de brigands; mais le désir de terminer une entreprise si heureusement commencée l'emporta sur toutes ses appréhensions; il avait surtout l'espoir que les récits des naturels étaient amplifiés.

En effet, à leur arrivée à Kacunda, rien ne justifia ces nouvelles alarmantes. Le chef et le peuple, qu'on leur avait dépeints sous les plus noires couleurs, montrèrent la même hospitalité que les autres peuplades; le chef offrit même de leur donner des canots pour les défendre contre les attaques auxquelles ils seraient certainement exposés de la part des barbares dont ils allaient traverser les villages. C'était une manière d'extorquer des présents. Après une halte de cinq jours, Lander refusa, et, se bornant à faire charger les armes de sa troupe, il continua sa navigation.

Le canot voguait la nuit pour éviter les surprises; à une heure du matin, on vit l'embouchure d'une grande rivière nommée la *Tchadda* (Chad, Tchad, Charry, Sharry), dont on leur avait parlé à Kacunda; à son embouchure, était une ville considérable : c'était celle de Cuttumcarrati, qu'on leur avait également signalée comme le centre d'un grand commerce.

Les rameurs, qui n'avaient pas pris un instant de repos depuis Kacunda, se trouvaient incapables de travailler plus longtemps. Lander sentit la nécessité de s'arrêter; il choisit un endroit commode près d'un village.

« Nous reposions sur nos nattes, continue-t-il, sans la moindre prévoyance du danger, lorsqu'un de nos hommes se mit à crier : « La guerre vient ! la guerre vient ! » et nous dit que les naturels allaient nous attaquer. En effet, nous vîmes une troupe d'hommes presque nus, accourant sans ordre, avec des gestes furieux; ils étaient diversement armés de fusils, d'arcs, de coutelas, de crochets de fer, de lances et d'autres instruments de destruction. Notre petite troupe était disséminée, mais nous eûmes le temps de la réunir; nous ordonnâmes à Pascoé et à nos hommes de se tenir derrière nous à peu de distance, avec leurs fusils et leurs pistolets chargés, leur enjoignant de ne pas faire feu, à moins qu'on ne tirât d'abord sur eux. L'un des naturels, que nous sûmes plus tard être le chef, marchait un peu en avant de ses compagnons; nous avançâmes avec calme, mon frère et moi, à sa rencontre. Son carquois se balançait à son côté; son arc était bandé, et une flèche, visée à notre poitrine, attendait que la main la lançât. C'était le moment critique; la Providence détourna le coup, car le chef s'apprêtait à tirer la corde, lorsque l'homme qui était le plus près de lui s'élança en avant et lui retint le bras. Nous étions alors face à face, et aussitôt nous lui tendîmes la main. Tout tremblant, le chef nous regarda fixement et se jeta à genoux. Des éclairs s'échappaient de ses yeux noirs et roulants; son corps était en proie à de violentes convulsions, comme s'il eût enduré d'inexprimables angoisses; sa physionomie prit une expression indéfinissable, où toutes les passions bonnes ou mauvaises semblaient lutter. Enfin il laissa tomber sa tête sur sa poitrine, saisit la main que nous lui tendions et fondit en larmes. De ce moment, l'harmonie fut rétablie, des distributions d'aiguilles nous valurent des témoignages d'affection. Au moyen d'un marchand du Funda, qui était de la troupe, nous pûmes converser avec le chef; il nous apprit que, croyant que nous étions des ennemis venus de la rive opposée pour surprendre le village pendant la nuit, il avait décidé son peuple à nous attaquer; « mais quand vous vous êtes avancés à notre rencontre, dit-il, que nous avons vu vos faces blanches, alors la force nous a manqué pour bander nos arcs ; nos pieds comme nos mains ont refusé le service, et à mesure que vous approchiez, à mesure que vous étendiez vos mains vers moi, mon cœur a défailli, j'ai cru et j'ai pensé que vous étiez les *enfants du ciel tombés des nuages*. Maintenant, hommes blancs, tout ce que je demande, c'est votre pardon. »

Les voyageurs continuèrent pendant quelque temps leurs amicales communications ; ils apprirent qu'ils étaient près du fameux marché de Bocquâ, fréquenté par tous les marchands de l'intérieur, du haut et du bas Niger ; ils surent aussi que la rivière était le Tchadda, et que la ville de Funda était à trois jours de marche de son confluent avec le Niger.

Si cette rencontre se termina d'une manière heureuse, grâce à la présence d'esprit des deux frères, il n'en fut pas de même dans une autre occasion qui se présenta dix jours après, lorsqu'ils étaient en vue de la ville de Kirri. « Bientôt nous aperçûmes (c'est Richard seul qui parle) soixante canots remontant le fleuve ; ils étaient grands, pleins d'hommes, et de loin faisaient un effet pittoresque ; chacun d'eux portait trois longues tiges de bambou fixées à l'avant, à l'arrière et au milieu de la barque, déployant dans l'air de larges pavillons. En avançant, je vis sur plusieurs de ces bannières les armoiries de la Grande-Bretagne, sur d'autres à fond blanc se dessinaient plusieurs emblèmes ; les équipages étaient très-nombreux et vêtus d'habits européens, à l'exception des pantalons. Au premier canot dont je m'approchai, un grand et robuste drôle, d'une physionomie peu rassurante, me fit signe de venir à lui. Ils étaient, lui et ses gens, trop bien armés pour que je fusse tenté d'obéir; je passai donc sans y prendre garde, mais à l'instant le son du tambour se fit entendre, plusieurs hommes s'alignèrent sur la plate-forme, et nous couchèrent en joue avec leurs fusils; indépendamment des mousquets, chaque canot avait une longue pièce de canon amarrée à sa proue, et l'équipage était abondamment pourvu de sabres et de piques d'abordage.

« Nos bateaux s'approchèrent donc, côte à côte, et notre bagage prit avec une effrayante rapidité le chemin de la barque du noir. Ce mode de procéder était peu de mon goût; mon fusil était chargé, je visai le chef : j'allais tirer sur lui, quand trois de ses gens, s'élançant, m'arrachèrent mon fusil des mains; en un moment je fus dépouillé de mon habit et de mes souliers. Cependant, voyant d'autres noirs enlever la femme de Pascoé, je me précipitai sur eux et je la tirai de leurs griffes. En même temps, Pascoé appliquait sa rame de bois de fer avec tant de force sur la tête du ravisseur, qu'il l'envoya tomber par-dessus le bord, et nous ne le vîmes plus. »

Le canot ennemi continuait à remonter le courant, les autres ne prirent aucune part à cette attaque; sur l'un d'eux, notre voyageur trouva un homme de quelque importance qui lui cria de monter à son bord; il envoya trois de ses gens soulager ceux de Lander, et ils se mirent à suivre les pillards.

Pendant ce temps, John, qui avait laissé le village deux heures après son frère, faisait force de rames pour le rejoindre; il nageait ainsi depuis une heure, quand il vit sur un bateau un mouton et une chèvre achetés par Richard le matin même; il se mit à la poursuite du canot, et après l'avoir accosté, il se fit rendre ces deux animaux; mais il ne put concevoir comment son frère s'était laissé piller par deux hommes seulement. Il se trouvait alors au milieu de la flotte; ses rameurs stupéfaits n'avaient plus de bras; deux noirs sautèrent dans son canot, enlevèrent avec une merveilleuse dextérité tout ce qu'il contenait, et John fut jeté à l'eau. « Je nageai à tout hasard, dit-il, vers un grand canot séparé des autres; devinant mon intention, un homme robuste, d'une stature gigantesque, géant noir de charbon et de la plus hideuse physionomie, s'élança vers moi, se baissa, saisit mon bras, et m'enlevant de l'eau par un vigoureux effort, me laissa retomber comme une souche dans son canot, sans proférer une parole. »

Ainsi les deux frères, complétement nus, dépouillés de tout ce qu'ils possédaient, étaient séparément prisonniers de ces barbares; ils furent conduits à la ville de Kirri, où leur sort devait se décider dans un palaver.

Ils commencèrent à concevoir quelque espérance. Les hommes du Damuggou, qu'ils avaient pris en passant dans cette ville, en quittant Bocquâ, avaient été également pillés; leurs compatriotes qui se trouvaient au marché prirent hautement leur défense; ils étaient puissamment aidés par les femmes et par tous les musulmans; le palaver décida donc que les effets volés seraient rendus, et qu'eux-mêmes seraient conduits devant Obie, roi d'Éboë, qui leur ferait connaître sa volonté; en conséquence, on fouilla les canots, où on ne put trouver que quelques effets; tout le reste, les armes, les marchandises, les présents reçus des différents chefs et malheureusement le journal de Richard, tout était disparu, et probablement au fond du fleuve.

Les captifs partirent, escortés par deux canots de guerre; ils furent constamment obligés de rester au fond de leur barque, couverts de misérables nattes, par suite de la superstition des naturels, qui croyaient que le Niger, n'ayant jamais vu d'hommes blancs, se mettrait en fureur, et ferait chavirer les barques.

Le 8 septembre, un naturel d'Éboë, voyant un groupe de grands arbres à l'horizon, s'écria : Voilà mon pays! Peu de temps après ils étaient arrivés devant la ville d'Éboë. Il y avait là une centaine de canots plus larges qu'aucun de ceux qu'on avait rencontrés jusqu'alors, tous fournis de huttes pour servir d'abri aux personnes qui y demeurent constamment, et dont le nombre est quelquefois de soixante-dix. Les huttes du rivage sont de terre jaune, couvertes de feuilles de palmier; alentour croissent des bananiers, des cocotiers et d'autres arbres qui forment un aspect délicieux.

En passant devant ces canots, les voyageurs furent accostés en mauvais anglais par un chef qui s'intitulait *Fusil* (gun), en disant que s'il n'était pas précisément un grand homme, encore était-il une espèce de petit roi militaire; que son frère était le roi *Boy* (garçon), et son père le roi Forday; que c'était le roi Jacket (jaquette) qui gouvernait tout le pays de Brass. « Mais ce qui était infiniment plus intéressant pour nous, continue Lander, il nous apprit qu'il y avait dans la *première rivière de Brass* un navire espagnol et un bâtiment de Liverpool. »

Pleins de joie à cette nouvelle, les prisonniers attendirent avec anxiété le moment de paraitre devant le terrible Obie, roi d'Éboë. Il vint lui-même les visiter. « Après tout, dit Lander, il n'y avait rien de bien effrayant dans son aspect ; c'était un jeune homme d'une physionomie éveillée, dont la figure douce et ouverte et l'œil étincelant annonçaient de la vivacité, de l'intelligence et un bon naturel ; il nous reçut avec un sourire affable, et nous prit les mains avec cordialité. Le costume du monarque était tout à fait brillant, et à la profusion d'ornements de corail dont il était orné, on eût pu donner à ce chef le surnom de *Roi-Corail*. Nous le contemplions avec admiration sur son trône de terre ; son bonnet, en forme de pain de sucre, était tellement couvert de morceaux de miroirs brisés, qu'il était impossible de deviner de quoi était faite cette coiffure ; son cou était entouré de rangs de corail si pressés, qu'il semblait avoir de la peine à respirer, et que son visage en paraissait enflé. En opposition à cette espèce de collier de force, quatre ou cinq chapelets de corail lâches lui descendaient jusqu'aux genoux. Il portait un surtout espagnol de drap rouge beaucoup trop court et trop juste; l'habit, orné d'épaulettes d'or, était garni sur le devant de broderies également en or, mais qui disparaissaient sous l'immense quantité de corail qui le couvrait. Treize ou quatorze bracelets garnissaient les poignets, et, afin de mieux les montrer, la manche de l'habit avait été coupée et raccourcie de quelques pouces. De vieux boutons attachaient les bracelets et contrastaient singulièrement avec ce luxe; les pantalons, de même étoffe que l'habit, collaient juste à la peau; ils étaient aussi brodés, mais ne descendaient que jusqu'à mi-jambe. Le cou-de-pied était orné, comme les poignets, d'autant de rangs de corail; enfin, de petits grelots en cuivre entouraient la jambe, un peu au-dessus de la cheville. »

Cette entrevue se passa en conversations qui n'amenèrent aucun résultat; pendant huit jours on tint de nombreux palavers, on eut de fréquentes conférences; enfin, le roi Obie consentit à faire accompagner les voyageurs jusqu'aux navires européens, moyennant une rançon égale au prix de vingt esclaves, et le roi Boy, son gendre, qui devait être le conducteur, demanda le prix de quinze esclaves; ces propositions furent acceptées, et Lander se disposa à quitter Éboë, ville dont il parle de la manière suivante: « Elle est d'une grande étendue, située dans une plaine découverte, et renferme une nombreuse population; comme capitale du royaume, elle ne porte d'autre nom que le *pays d'Éboé*. Son huile de palmier est renommée. C'est, depuis une longue suite d'années, le principal marché d'esclaves où viennent s'approvisionner les indigènes qui font le commerce sur les côtes, entre la rivière Bonny et celle du vieux Calabar. Presque toute l'huile achetée par les Anglais à Bonny vient d'ici, de même que tous les esclaves que les négriers européens achètent à la côte. »

Les voyageurs s'embarquèrent sur un canot pour la ville de Brass; il avait cinquante pieds de long, mais il portait soixante personnes, et était tellement chargé de marchandises, que ses bords n'étaient qu'à deux pouces de la surface de l'eau. Cette demeure était très-incommode, surtout la nuit, pendant laquelle on ne pouvait étendre ses jambes et dormir à son aise. On partit le 12 novembre, et le 14 on vit la rivière. Le 15, on rencontra trois canots; sur l'un deux était le roi Forday, vieillard vénérable, qui essaya d'amuser les étrangers par ses chansons; quoiqu'il leur écorchât les oreilles, ses sujets l'applaudissaient bruyamment.

Le canot s'arrêta devant la ville de Brass. Les prêtres montèrent à bord, et dessinèrent à la craie sur la personne du roi, de la tête aux pieds, des lignes, des cercles et quantité de figures fantastiques; ils firent la même cérémonie à tous les nègres; les blancs en furent exempts à cause de la couleur de leur peau. Brass est une ville horriblement sale, divisée en deux par un marais; chaque partie contient environ mille habitants. La végétation y est très-abondante, et les mangliers y forment des forêts presque impénétrables.

Le 17 novembre, Richard s'embarqua pour la dernière fois, laissant son frère en otage; il était alors à soixante milles de l'embouchure du fleuve, qui se divise en deux grandes branches, appelées la seconde rivière de Brass et la première rivière de Brass, ou Nun. Ce fut cette branche que le canot suivit. En face était un large bras qu'on dit couler vers Benin. Un quart d'heure après l'entrée dans le Nun, Lander vit des navires européens à l'ancre. « Les émotions de bonheur que cette vue me causa, dit-il, défient toute description. » Il croyait que le capitaine du navire anglais se hâterait de payer sa rançon, mais les peines de l'intrépide voyageur étaient loin d'être terminées : son barbare compatriote ne voulut rien donner au roi Boy. A force d'instances, Richard obtint de Boy qu'il retournât chercher son frère. Ce fut, comme on le pense, avec une vive anxiété qu'il attendit son retour; le nègre, moins sauvage et moins barbare que l'Européen, ne manqua pas à sa parole : il revint avec son otage, espérant que le capitaine Lake remplirait les engagements de Lander. Il n'en fut pas ainsi. A l'arrivée de John Lander, il menaça Boy de le foudroyer avec ses canons, et le pauvre nègre se hâta de fuir. Ajoutons que le gouvernement anglais a récompensé amplement Boy, et lui a fait compter bien au delà de la somme convenue. Le 24 novembre, l'ancre fut levée; le 1er décembre, Lake déposa les deux frères sur l'île de Fernando-

Po, où ils reçurent la plus généreuse hospitalité ; obligés de demeurer sur cette île jusqu'au 20 janvier 1831, ils saisirent l'occasion d'un bâtiment qui allait à Rio-Janeiro, et de là ils se rendirent en Angleterre et prirent terre à Portsmouth le 9 juin.

L'importante question du Niger, pendante depuis tant de siècles, était presque entièrement résolue. On savait l'embouchure du fleuve; on savait, à quelques lieues près, où il prend sa source; son cours avait été suivi depuis Kaniaba, où Park le vit le premier, jusqu'à Cabra près de Tombouctou (Park, Caillié), et depuis Youri jusqu'à la mer (Lander). Il ne restait donc plus et il ne reste encore à explorer que la partie comprise entre Cabra et Youri, les journaux de Park, qui a évidemment fait ce trajet, ayant été perdus. Si les géographes s'occupaient de ce qui reste à faire sur ce point, les négociants anglais, de leur côté, cherchèrent à mettre à profit ce qui avait été fait. A l'instigation de Richard Lander, M. Laird, armateur de Liverpool, conçut le projet d'ouvrir une communication directe avec l'intérieur de l'Afrique en remontant le fleuve, et, à l'endroit où il reçoit le Tchadda, il devait établir un comptoir pour servir d'entrepôt.

L'expédition (1) se composait de la *Colombine*,

---

(1) Dans l'impossibilité de nous procurer la relation originale, nous avons extrait ce chapitre de l'article donné par le *Quaterly Review*. Nous ne savons pas comment Lander fut reçu par le roi Boy et par le roi Obie; ces détails intéressants pour nous ne se trouvent pas dans la Revue anglaise.

beau brick de deux cents tonneaux, et de deux bâtiments à vapeur, le *Quorra* et l'*Alburkka;* elle partit le 17 juillet 1832, sous le commandement de Lander. Vers la fin d'octobre, elle était à l'embouchure de la rivière Nun. On laissa le brick à l'ancre, et les deux bâtiments à vapeur remontèrent le fleuve jusqu'à Éboë, à cent soixante milles de l'embouchure, puis à Bocquâ, où Lander fut sauvé par sa présence d'esprit. Après avoir quitté ce marché célèbre, le plus imposant spectacle que puisse concevoir l'imagination se déroula aux yeux des voyageurs. Un fleuve immense de trois mille mètres de large, s'étendant aussi loin que l'œil pouvait atteindre, coulait avec majesté; ses bords parsemés de bouquets d'arbres présentaient l'aspect riant d'un parc, et la fumée qui s'échappait des différentes villes assises sur le bord du fleuve, les nombreux canots balancés sur ses eaux, donnaient à ce paysage un air de sécurité, d'abandon et de paix qu'offrent bien rarement les sites africains. Le confluent du Tchadda et une chaîne de collines peu élevées qui se présentaient sur la rive septentrionale du Niger, puis, sur la rive occidentale, deux plateaux isolés, d'un bel et romantique aspect, terminaient ce magnifique tableau.

Le jour de Noël, on était au confluent des deux fleuves; le *Quorra* échoua, il fallut attendre le retour des eaux pour le remettre à flot; deux mois se passèrent dans cette situation. M. Laird, — nous avons oublié de dire que cet armateur avait voulu être du voyage, — M. Laird remonta le Tchadda avec l'*Alburkka* jusqu'à Fundah (Funda des Lander), tandis que Lander retournait à la côte sur le *Quorra*.

L'*Alburkka* entra dans le Tchadda, et le remonta l'espace de cent milles ; mais cette exploration fut presque sans résultat ; partout les naturels refusèrent d'entrer en relation avec les étrangers, et ceux-ci se trouvèrent forcés de revenir sans avoir pu recueillir de nouvelles lumières.

Nos voyageurs n'éprouvèrent aucune difficulté à remonter le Niger, au-dessus de sa jonction avec le Tchadda ; les bords du fleuve sont garnis d'une multitude de villages, et sur un point on compte onze villes, grandes et populeuses, à un jet de pierre l'une de l'autre. Elles sont sous la domination d'un roi nommé Edirésa, mais tributaires des Fellatahs.

Le 18 septembre, l'*Alburkka* jeta l'ancre devant Rabba, à six cents milles de la mer. Cette ville est fréquentée par une foule de marchands de Tripoli, de Tombouctou et de Bornou. Le commandant, M. Oldfield, voulait remonter jusqu'à Boussa ; mais, à la suite d'un accident, la machine à vapeur ayant été cassée, il revint à Iddah ; il acheta en face de cette ville une île qu'il nomma *Ile Anglaise*, et y fit bâtir une habitation pour un négociant, M. Brown, qui devait y demeurer pour trafiquer avec les indigènes. Enfin, après avoir mis six jours à descendre la rivière, l'expédition arriva le 3 novembre à Fernando-Po.

Après une semaine de repos, on équipa de nouveau l'*Alburkka* pour l'*Ile Anglaise* ; Oldfield y fit un séjour de cinq mois; il n'ajouta à la géographie que le nom de Foto, ville d'une haute importance, située à trente milles à l'est de Funda et à cinquante des bords du Tchadda. Pendant ce temps Lander, qui venait le rejoindre, fut attaqué par les indigènes; il était à cent milles de la côte, lorsqu'une décharge presque à bout portant, tirée de derrière un taillis, tua trois hommes de son équipage et en blessa quatre autres. Lander fut celui qui reçut le plus grand nombre de blessures. Au même moment les chaloupes touchaient terre; il descendit pour s'échapper; mais les gens qui montaient cinq ou six canots de guerre se mirent aussitôt à sa poursuite, nourrirent pendant cinq à six heures un feu très-vif contre les siens, et ne s'arrêtèrent que lorsque la nuit les eut fait perdre de vue. Lander, blessé de nouveau, fut ensuite transporté à Fernando-Po, où il mourut vers le milieu de juin 1834. Il déclara, avant de mourir, qu'il avait reconnu les canots pour être de Bonny, de Brass et de Benin; il est probable que cette attaque eut lieu à l'instigation des négriers alors dans ces parages : ils prévoyaient que si Lander réussissait dans ses projets de civilisation, leur infâme commerce serait soumis à de nouvelles entraves. M. Oldfield, après avoir ainsi successivement perdu tous ses compatriotes, revint à Fernando-Po, non sans avoir encore essuyé une foule de désastres auxquels il n'échappa qu'avec peine.

Il ne faut pas croire, ajoute la Revue anglaise, que de si grands échecs soient les suites inévitables d'un voyage sur le Niger. Le succès de M. Belroft nous en fournit la preuve : éclairé par l'expérience de ses devanciers, il entra dans le Niger en 1835, le remonta jusqu'à l'embouchure du Tchadda, fit un commerce très-avantageux avec les naturels, et, après une absence de deux mois, revint à Fernando-Po.

CHAPITRE XVII

Côte d'Or. — Le Dahomey. — L'Aschanti. — Le Benin. — Le Delta du Niger.

MORRIS. — BOWDICH. — DUPUIS. — ADAMS.

Les bords de la côte occidentale de l'Afrique, connue sous le nom de Côte d'Or, sont partagés en une foule de petits États dont les peuples ont perdu leur caractère primitif par leurs fréquentes relations avec les Européens; nous n'avons pas à nous en occuper, mais en avançant dans l'intérieur on trouve plusieurs grands États qui ont été explorés par des voyageurs; nous allons en parler brièvement, afin de compléter, autant que possible, notre travail.

Dans le dernier siècle, le royaume de Whidah fut envahi par les peuples du Dahomey; le roi de ce pays réunit le Whidah à ses États, déjà très-vastes, et acquit une grande puissance. En 1772, l'Angleterre pensa à conclure avec lui un traité d'alliance, et envoya Morris dans ce but. Il traversa de riches pays, et arriva à Abomey, la capitale, située à cent cinquante milles de la côte. C'était le moment où les chefs principaux y étaient réunis de toutes les parties du royaume, comme ils ont coutume de le faire chaque année. Morris vit avec étonnement ces fiers et courageux guerriers qui avaient répandu la terreur sur toute cette portion de l'Afrique, se prosterner devant le roi, mettre du sable sur leur tête avec des marques de la soumission la plus basse. Ils ne rendent pas cet hommage par crainte, mais parce qu'ils regardent leur roi comme un être d'une nature supérieure. « Quand je songe à mon roi, disait un des principaux chefs, je me sens le courage d'attaquer seul six ennemis; ma tête appartient à mon roi, non à moi; s'il la demande, je suis prêt à me soumettre, et si je meurs dans une bataille, je serai satisfait, parce que ce sera à son service. » Pendant les fêtes anniversaires, on arrose les tombes des ancêtres du roi avec le sang des victimes humaines; ce sont des captifs, des criminels condamnés à mort, et, à leur défaut, des malheureux dont on s'empare de force. Les victimes sont amenées successivement, les mains liées derrière le dos; et pendant qu'un prêtre fétiche murmure sur leur tête des paroles magiques, un autre, d'un coup de cimeterre, fait voler cette tête, et la montre aux assistants.

Le palais royal se compose d'un grand amas de huttes construites de terre et de bambous, environné d'une enceinte quadrangulaire de terre de vingt pieds de haut, comprenant un espace d'un mille carré. Des crânes humains pavent l'entrée de l'appartement du roi, dont les murs sont ornés de mâchoires entremêlées de têtes toutes sanglantes; plusieurs rangées de semblables crânes, placés sur de petits pieux de bois, surmontent les toits de ce palais hideux. De là l'expression dont se sert le roi lorsqu'il donne des ordres pour la guerre : « Ma maison manque de couverture! » Enfin, pour achever l'horrible tableau des mœurs de ce peuple, il est anthropophage, c'est-à-dire qu'il mange la chair des victimes dans les cérémonies religieuses et les repas solennels.

Il est un autre royaume connu pour la première fois au milieu du xviiie siècle, sous les noms d'Ashienty, Assenti, Aschanti (Brué), Achanti (Balby); ce royaume ne commerça pendant longtemps avec les Européens que par les caravanes de Tripoli, puis au moyen des peuplades de la côte.

En 1807, le roi, voulant jouir des avantages du commerce direct, attaqua la république de Fantyn, qui sépare son royaume de la côte; il occupa ce territoire, et ne se retira que devant les forces anglaises; en 1811 et en 1816 de nouvelles invasions détruisirent presque entièrement les Fantyns, et l'armée d'Aschanti ne suspendit les hostilités que sur la promesse faite par les Anglais qu'on paierait désormais au roi un tribut annuel. On saisit cette occasion pour envoyer au roi africain, en 1817, une ambassade, composée de MM. James, Hutchinson et Bowdich; c'est à ce dernier qu'on doit la relation du voyage.

L'ambassade partit le 22 avril, traversant des pays couverts d'immenses forêts, où nul sentier n'était tracé; le 29 mai, elle arriva à Coumanie, capitale du royaume : cette ville est mieux bâtie qu'aucune autre ville de la côte; les maisons sont en bois et couvertes de sculptures. On déploya, pour l'entrée des ambassadeurs, une pompe d'une extrême magnificence. Ce qui frappa surtout les Anglais, ce furent les vêtements tout à la fois riches et bizarres des *cabocirs* ou chefs des guerriers. « Leur veste, de drap rouge, était couverte de fétiches et de saphies en or et en argent; elle était brodée de presque toutes les couleurs, mêlées de clochettes en cuivre, de cornes et de queues d'animaux, de coquilles et de couteaux qui frappaient contre leur corps à chaque mouvement; de longues queues de léopard leur pendaient du dos par-dessus un petit arc couvert de fétiches. Ils avaient de larges pantalons de coton, et de grandes bottes en cuir rouge mat qui leur montaient jusqu'à mi-cuisses et se rattachaient par des chaînettes à leur ceinturon ou porte-cartouches : les bottes étaient aussi ornées de clochettes, de queues de cheval, de cordons, d'amulettes et d'innombrables coupons de chair; un petit carquois de flèches empoisonnées était suspendu à leur poignet droit, ils avaient entre leurs dents une longue chaînette en fer au bout de laquelle était lié un chiffon d'écriture mauresque, et dans la main gauche ils tenaient une petite lance ornée de bandes rouges et de glands de soie. La noirceur de leur peau rehaussait l'effet de cet accoutrement, et achevait de leur donner un air qui n'avait presque rien d'humain. »

Les Anglais trouvèrent le monarque assis sur son trône, succombant, pour ainsi dire, sous les plaques d'or massif dont ses vêtements étaient ornés; il avait derrière lui l'exécuteur de sa justice, ayant sur la poitrine une cognée d'or massif et assisté d'un aide, portant le billot de mort tout couvert de sang et d'une épaisse couche de graisse humaine. Les manières du roi étaient distinguées et polies, et son admiration pour les Anglais était intarissable. — Plusieurs conférences sur l'objet de la mission n'ayant amené aucun résultat, le roi convoqua un grand palaver pour discuter les bases du traité; il demandait que le tribut fût le même que celui qu'avaient payé précédemment les Fantyns. James, chef de l'ambassade, offrit un prix bien inférieur; alors le roi, quittant les manières polies qu'il avait eues jusqu'alors, s'écria : « Les blancs se joignent aux Fantyns pour se rire de moi et couvrir ma face de honte. » Puis s'élevant par degré jusqu'à la plus violente colère : « Les Anglais se moquent de moi, ce sont des espions qui sont venus dans mon pays; ils veulent la guerre, ils veulent la guerre! » Puis mordant sa longue barbe, et se levant tout à coup, il dit d'une voix de tonnerre : « *Shienty-fou! shienty-fou!* ah! ah! Si un homme noir m'avait parlé ainsi, je lui ferais couper la tête. » Peu s'en fallut que cette scène ne se terminât d'une manière funeste pour les ambassadeurs; mais Bowdich, prenant la suite de la négociation, obtint une nouvelle entrevue, et offrit de rester en otage jusqu'à ce que James eût été près du général anglais prendre de nouveaux ordres. James repartit, et, peu de mois après, le traité fut définitivement conclu.

Pendant son séjour à Coumanie, Bowdich recueillit sur les pays une foule de documents précieux qui rendent son livre aussi instructif qu'intéressant. Il vit plusieurs sacrifices humains; ceux auxquels il assista n'approchaient pas d'une horrible fête célébrée quelque temps avant son arrivée, dans laquelle on immola trois mille victimes, dont deux mille Fantyns prisonniers. A la mort du roi précédent, pendant trois mois, toutes les semaines on renouvela ces sacrifices, et deux mille esclaves furent tués chaque fois. — A la mort des monarques, seize des principaux cabocirs de ceux qu'il a le plus aimés sont égorgés sur sa tombe pour honorer ses mânes, afin que, dans une autre vie, il soit convenablement entouré de ses courtisans.

Bowdich, ayant heureusement rempli sa mission, revint à *Cape-Coast castle*, et y arriva sans accident, mais non sans courir de grands dangers, au commencement d'octobre 1817.

Cette alliance ne devait pas être de longue durée; des nuages s'étaient élevés entre les deux parties, une rupture était imminente, lorsqu'en 1820 M. Dupuis fut envoyé pour les dissiper. Le roi était toujours favorablement disposé pour les blancs; il voulait, par le luxe de sa cour, imiter les rois européens et même rivaliser avec eux; il faisait construire un palais dont l'extérieur était, il est vrai, en bois grossièrement travaillé, mais dont l'intérieur était orné de cuivre, d'ivoire et d'or. « Maintenant que les rois blancs me connaissent, disait-il, il faut que je demeure comme eux dans une grande maison, afin que je ne sois pas honteux quand les blancs viennent me visiter. » Il avait fait venir d'Elmina des architectes pour diriger les travaux. Les ouvriers étaient excessivement nombreux, et Dupuis, qui les vit à l'œuvre, les compare à une légion de diables essayant de construire une tour de Babel.

Le gouvernement anglais consentait bien à payer le tribut, mais le roi voulait conserver sa souveraineté sur le territoire des Fantyns, ce que l'Angleterre n'était pas disposée à accorder. Aucune des deux parties ne cédant dans ses prétentions, Dupuis fut obligé de revenir; on se prépara à la guerre, dès lors inévitable : en effet, en janvier 1821 le roi d'Aschanti entra sur le territoire fantyn avec une armée de quinze mille hommes. Le gouverneur, Charles M'Carthy, se prépara à lui résister, quoiqu'il n'eût sous ses ordres que mille Anglais; il était, il est vrai, accompagné de plusieurs corps d'auxiliaires indigènes, mais qui l'abandonnèrent bientôt. La discipline et les armes des Anglais permirent de se défendre avec succès pendant un certain temps; enfin, environnés par les forces supérieures de l'ennemi, ils ne purent résister; on n'a jamais connu les détails de ce désastre, auquel échappèrent seulement trois officiers; tout le reste succomba. Les Aschantis vinrent mettre le siége devant *Cape-Coast castle*; ils tinrent le fort bloqué pendant plusieurs mois, mais le manque de provisions les contraignit à se retirer. En 1826, ils s'avancèrent de nouveau jusqu'à la côte; le 7 avril, ils furent complétement défaits devant Accra, et le roi ne put obtenir la permission de regagner ses États qu'en payant les frais de la guerre et en laissant son fils et son neveu en otage.

Le capitaine Adams, dans ses voyages commerciaux, eut l'occasion de visiter le Benin et sa capitale; cette ville considérable, qui compte cent cinquante mille habitants, est située au milieu d'un terrain fertile, mais peu cultivé; le roi est adoré comme un dieu par ses sujets; il est vrai que le moindre doute sur sa divinité est puni à l'instant même de la mort du coupable. Malgré son caractère divin et royal, le monarque ne néglige pas les occupations mercantiles. Les sacrifices humains, quoique moins communs que dans l'Aschanti et le Dahomey, sont assez fréquents : quatre fois l'an, à l'embouchure du fleuve, on immole des victimes pour attirer, disent-ils, les vaisseaux européens; mais le climat pestilentiel du pays empêche les navires de se rendre sur ce point; ils préfèrent aller à la rivière de Brass, qui de tout temps a été fréquentée par les négriers. Adams évalue à vingt mille le nombre d'esclaves qui, avant la défense de la traite, étaient annuellement enlevés de Bonny, principal marché de la contrée. La rivière de Calabar, quoique moins fréquentée, offre un commerce assez considérable.

La côte qui de Benin s'étend jusqu'au Calabar, sur une longueur de près de deux cents milles, a acquis un nouvel intérêt par les découvertes de Lander; cet espace forme ce qu'on appelle le *Delta du Niger*. Cette côte présente partout un aspect fertile et uniforme; la terre, presque partout inondée, est couverte d'impénétrables forêts de mangliers; les principales branches du fleuve sont liées entre elles par des canaux naturels, de sorte qu'il y a communication intérieure entre le Calabar et le Benin, et que tous les terrains entre les rivières et la côte forment une île. Le caractère des naturels paraît être féroce, paresseux et dissolu. Voici ce qu'un voyageur dit de ce pays : « Peu attrayant quand on le voit pour la première fois, repoussant quand on l'approche, dangereux quand on l'examine, ce pays est horrible et dégoûtant quand on le connaît, lui et ses habitants. Il est probable qu'il ne sera jamais d'une grande ressource pour le commerce, à moins qu'il ne devienne un point de communication avec les contrées de l'intérieur, et encore les vaisseaux se hâteraient-ils de quitter ces canaux dangereux pour se rendre dans les pays plus fertiles et plus civilisés qu'ils trouveraient en remontant le Niger. »

CHAPITRE XVIII

DOUVILLE. (1830.)

M. Douville avait quitté la France dans l'intention d'aller visiter la Chine; arrivé à Rio-Janeiro, ses relations avec les négociants portugais lui firent abandonner son plan pour explorer le sauvage Congo, pays totalement inconnu. Il arriva le 18 décembre 1827 à Benguela, principal établissement portugais sur la côte, et quitta cette ville le 6 février 1828, pour parcourir l'intérieur en commençant par les bords de la Zenga et du Bengo. Dans les montagnes boisées qui séparent le district d'Icoloc-Bengo de celui du Zenga di Golungo, la caravane de Douville s'avançait dans le meilleur ordre, quand tout à coup le son d'une clochette et d'un tambour annonça le voisinage d'une troupe de sorciers occupés de leurs opérations magiques. « Aussitôt, dit le narrateur, la consternation se répandit dans nos rangs, et un mouvement de frayeur se montra sur tous les visages. Mais les magiciens, en nous apercevant, ayant cessé leurs sortiléges, mes nègres reprirent courage, et passèrent rapidement devant eux, sans tourner la tête de leur côté. Je les laissai aller, et restai seul avec un interprète au milieu de la troupe des jongleurs. Je leur promis le secret s'ils continuaient leur cérémonie, et mon interprète les assura que j'étais partisan de leur art. Ils se remirent donc à l'œuvre, et formèrent un cercle autour de leurs trois autels de pierre, élevés sur trois grands arbres, et de la marmite qui était sur le feu. De temps en temps une sonnette se faisait entendre; alors le groupe disparaissait, chacun courant effrayé de son côté, et cependant le tambour de la troupe frappait continuellement son tamtam. Le chef tenait à la main une baguette qu'il plongeait sans cesse dans la marmite, où chauffait un certain liquide, et avec cette baguette il traçait à terre des cercles et des caractères. Au moment où le liquide vint à bouillir, il prononça de mystérieuses paroles; elles glaçaient d'effroi tous les assistants, saisis d'un tremblement convulsif lorsque la sonnette se faisait entendre de nouveau. L'un d'eux m'expliqua tout cet appareil et l'opération magique. La figure qui apparaissait dans la marmite faisait connaître la réponse de l'esprit à la question pour laquelle on l'évoquait, réponse qu'il ne donnait qu'au moment de l'ébullition, bien qu'il se montrât chaque fois que l'on agitait la sonnette. »

La province de Golungo Alto, visitée ensuite par notre voyageur, est remarquable par ses sites variés et pittoresques et par des forêts si touffues, qu'elles semblent à l'œil une seule masse de verdure et de fleurs, asile d'un silence profond, interrompu seulement par le bruit des ruisseaux roulant sur un lit rocailleux. Mais c'est bien ici que le poison est caché sous les fleurs. Qui croirait que cette atmosphère embaumée recèle partout des principes de mort, et que cette nature riante et pittoresque, ces champs cultivés, ces forêts, ces vallées si vertes, après une pluie d'orage, ne sont pour l'Européen qu'un vaste tombeau?

Douville représente les habitants de ces contrées comme très-paresseux; la nature féconde leur fournit non-seulement des vivres en abondance, mais même une liqueur très-spiritueuse, c'est le vin de palme. L'Africain perce un trou à l'extrémité supérieure d'un cocotier ou d'un autre palmier; trois jours après, il commence à puiser dans le trou une liqueur douce et agréable le matin au lever du jour, et le soir après le coucher du soleil; à midi elle est aigre et de mauvais goût. Pendant onze mois de l'année, cet arbre nourricier fournit par jour trois bouteilles de cette liqueur; elle cesse de couler au commencement des grandes pluies. La paresse du nègre est telle, qu'il coupe l'arbre pour s'éviter la peine de monter deux fois par jour à son sommet. Trois mois encore l'arbre à terre laisse échapper la même quantité de liquide alcoolique; il sèche ensuite, et son bois ne présente plus alors qu'un faisceau de filaments à peine unis entre eux.

Nous ne suivrons pas Douville dans ses excursions au pays des Dembos, dans la province d'Ambacca, quoiqu'elles aient eu pour résultat de fournir à la géographie des documents précieux, car les négociants portugais avaient seuls visité ces contrées, et ils s'occupaient plus de leur commerce que de calculs astronomiques. Cependant ils avaient fait connaître les mœurs des peuples. Nous préférons entrer, avec Douville, dans les États des nègres indépendants. Ce fut dans la capitale du Haco qu'il perdit sa jeune et courageuse épouse, qui avait partagé les dangers du voyage. Le joba, c'est le nom du chef, après avoir fait rendre au corps tous les honneurs accordés aux souverains les plus puissants, offrit une de ses filles à l'époux désolé, qui, outré d'un tel procédé, qui n'était pourtant qu'une attention délicate dans les mœurs du pays, prit son sabre, et en déchargea un grand coup sur le dos du monarque. Cet emportement eût pu avoir des suites terribles pour le voyageur; heureusement qu'on prit son ignorance en pitié, et qu'on ne punit sa faute que de l'amende d'un esclave.

Le Haco, le Tamba, le Baïllundo, et le Bihé, furent successivement visités par Douville, qui dépeint ces contrées comme montagneuses; l'aspect de ces divers pays est sauvage : peu de terrain cultivé, point de routes, et de nombreuses forêts. Dans le Haco, on s'aperçoit déjà que la timidité du nègre vassal du Portugais a disparu; on est au milieu d'hommes indépendants, énervés à la vérité par la chaleur du climat, paresseux à l'excès, et n'ayant d'autre souci que de passer joyeusement une vie rapide. La douceur de ces nègres est remarquable, tandis que ceux du Tamba sont féroces, sans foi et sans loyauté. Une particularité de leur vie, c'est qu'ils ne parlent jamais debout; ils s'accroupissent comme des singes, et s'expliquent assez souvent par signes. Le Bihé est le point le plus méridional où Douville soit parvenu dans cette partie de l'Afrique. Voici ce qu'il dit de la capitale :

« La banza du Bihé est un des grands marchés aux esclaves de ces contrées ; l'homme qui vend ses esclaves doit s'adresser d'abord au joba (chef) pour demander la permission de trafiquer. Ensuite il va au marché, qui est situé au dehors de la banza, et qui consiste en une centaine au moins de maisons éparses à diverses distances de la palissade d'enceinte de la ville. Chacune est entourée de magasins pour recevoir les marchandises, de cabanes pour loger les esclaves, et d'une cour où les affaires se terminent. La réunion des bâtiments et des dépendances de chaque maison porte le nom de *Pombo ;* le prix commun du plus bel esclave est de quatre-vingts pannos, équivalant à peu près à quatre-vingts francs. Le panno est une mesure de longueur qui comprend trente de nos pouces ; cette valeur est exprimée en toile de coton, mais le paiement ne s'effectue pas seulement avec cette sorte de marchandise. L'acheteur forme un assortiment dans lequel entre ordinairement un fusil pour dix pannos, un flacon de poudre pour six, du tafia pour dix à quinze, de la bayette, espèce de drap léger, pour seize ; enfin de la toile de coton pour le reste. Toujours le vendeur reçoit en cadeau de l'acheteur une quantité d'aiguilles et de fil proportionnée au nombre d'esclaves qu'il livre. Le marché est précédé d'une ample libation de tafia, libation qui se renouvelle après la conclusion ; c'est alors que les marchands cherchent à enivrer les vendeurs pour les tromper sur la qualité des objets d'échange. Les marchands sont des mulâtres qui restent continuellement à Bihé et qui expédient leurs achats pour Angola ou Banguela. Le nombre des esclaves est annuellement de six mille, dont un tiers de femmes.

« Le joba reçoit un droit par chaque tête d'esclave; quiconque est surpris essayant de s'exempter du paiement de ce droit, est condamné à donner sur-le-champ la valeur de dix esclaves. Ce tribut est distribué aux principaux chefs, qui, par conséquent, ont tous intérêt à ce qu'il ne se commette pas de fraude. Les marchands sont unis entre eux; l'un d'eux a le titre de capitaine du marché, et décide ordinairement les différends qui s'élèvent entre eux et le joba. »

Presque toutes les villes de cette partie du Congo se ressemblent; elles sont entourées d'une palissade de pieux de douze à quinze pieds de haut enfoncés dans la terre, serrés les uns contre les autres, consolidés par des arcs-boutants appuyés contre de fortes traverses. En général, la maison du chef, celle de ses femmes, les magasins de l'État et la poudrière sont au milieu de la ville, et l'enceinte qui les contient est également entourée de pieux. Les maisons de la banza du Bihé sont bâties en bois recrépi de mortier, couvertes en paille, de forme carrée; elles ont le foyer au centre, et la fumée s'échappe par le toit, qui est conique.

Quittons ces habitations sauvages, malpropres et privées de tout ameublement, pour entrer dans les magnifiques forêts de ces régions, qui peuvent être comparées à celles des deux Amériques, pour la beauté, la vigueur de la végétation et la diversité des bois. Leurs teintes sont nombreuses et brillantes; quelques-uns de ces bois sont rouges comme des morceaux de corail; d'autres ont la couleur de l'or; d'autres encore présentent des veines noires sur un fond vert léger, ou des veines blanches sur un vert plus foncé. Plusieurs de ces grands végétaux sont d'un blanc parfait, et, dépouillés de leur écorce, on les prendrait pour des fûts de colonnes de marbre. Les feuillages ne sont pas moins diversifiés; le vert s'y montre dans toutes ses nuances et se mêle souvent à des teintes brunes, orangées, argentées. Quelques-unes de ces forêts sont si touffues, que la pluie d'orage est longtemps à y pénétrer, et tellement embarrassées de lianes et de tiges de plantes grimpantes, qu'il est impossible d'y chasser et même souvent d'y voyager. Dans ces forêts, le majestueux imbondero s'élève au-dessus des autres arbres, et le temps, qui détruit tout, semble lui donner une nouvelle force. Les nègres en font des citernes d'un genre particulier : ils coupent la cime des arbres à environ soixante pieds du sol, puis ils creusent le tronc jusqu'à une profondeur de vingt à trente pieds, ils ferment la partie supérieure avec des planches, ne laissant qu'une petite ouverture; l'écorce et la partie du bois qui reste suffisent pour que l'arbre conserve sa verdure et ne pourrisse pas; on creuse une fosse autour du tronc, et au moyen d'échelons que l'on y pratique en enfonçant des piquets de distance en distance, on monte pour verser dans ce réservoir l'eau qui se rassemble dans le fossé au temps des pluies. Lorsque l'arbre est entièrement plein, on ferme l'ouverture, et les habitants vendent leur eau aux passants. A côté de ce géant, et dans toutes les forêts du Congo, croissent le panda, espèce de quinquina, et l'ipécacuana ; ces bienfaisants végétaux ne se trouvent pas seuls ; ils sont accompagnés d'innombrables plantes vénéneuses ; il faut une grande habitude pour les distinguer. Les unes ont des fleurs brillantes qui sont un poison, les autres ont des fruits beaux à la vue, agréables au goût, et qui donnent une mort certaine. Les naturels les connaissent ; les animaux ne s'y trompent pas non plus. Douville dut un jour la vie à son singe, très-habile botaniste. « Un jour, dit-il, un de mes gens que j'avais envoyé chercher des fruits, revint avec une branche couverte d'un fruit brun ressemblant un peu à nos prunes. Il me dit qu'il était fort agréable et rafraîchissant. Je fis amener mon singe, je lui offris le fruit ; il le prit et le jeta loin de lui ; j'en pris un autre, et, après l'avoir coupé en deux, je le présentai à mon singe, qui poussa aussitôt des cris terribles et voulut s'enfuir. Son refus me donna lieu de juger qu'il connaissait le fruit, parce que, sans l'examiner, il avait jeté ; j'appris dans la suite que c'était un poison très-violent. »

Depuis ce moment, Douville eut un grand soin de consulter toujours son singe sur les fruits qu'on lui présentait et sur ceux qu'il cueillait lui-même.

Il y a dans toutes ces contrées une fourmi très-industrieuse, quoique très-petite. Elle bâtit sa demeure en forme de rayons au haut des arbres, non avec une substance gluante, mais avec de petits brins d'herbes qu'elle entrelace artistement, et construit ainsi des cellules comme celles des abeilles. Ce n'est pas sans admiration que l'on voit des milliers de fourmis fixer de cette manière leur habitation au haut des airs. C'est là aussi que ces insectes établissent leurs greniers d'abondance; ils tracent également un sentier le long du tronc de l'arbre, et ne s'écartent jamais de ce chemin battu. Ces fourmis construisent aussi des pyramides dans les forêts; leurs travaux se prolongent au-dessous du sol. Les fourmis qui habitent les cellules intérieures sont plus grosses et plus fortes que celles de la pyramide. Au-dessous de ce premier souterrain, à sept pouces plus bas environ, on trouve une nouvelle séparation qui communique à d'autres demeures. Dans celles-ci, les fourmis sont couvertes de poils blancs et d'ailes; elles marchent lentement. Les parois intérieures de la fourmilière sont enduites d'un mastic très-compacte, ce qui la préserve de l'humidité. « Au centre de l'habitation intérieure, je remarquai, dit Douville, que les fourmis se dirigeaient vers un autre endroit; je les suivis, elles marchaient quatre ou cinq de front; à chaque vingtaine environ, il y avait une grosse fourmi semblable à celles que j'avais trouvées dans l'étage souterrain, et à chaque cinquantaine environ, il y en avait une couverte de poils blancs et munie d'ailes. Ces fourmis, au moment de l'attaque, s'étaient précipitées sur moi avec fureur et dans le plus grand désordre; chacune défendait sa vie et sa propriété; mais dans ce déménagement forcé il régnait le plus grand ordre, chaque fourmi occupait son rang et paraissait suivre son chef. A environ cent pas plus loin, je vis ces fourmis entrer dans une pyramide abandonnée. Je remarquai que les ailées restaient à l'entrée; un grand nombre étaient parvenues à s'introduire entre ma peau et mon habit; elles me firent des piqûres qui me causèrent de vives douleurs pendant quelques jours. »

Douville fit une excursion au mont Zàmbi, et fixa la position réelle de ce volcan, sur lequel on n'avait que des notions confuses; puis il prit sa route vers Loanda, en traversant plusieurs provinces. Dans celle de Lobolo il vit des mines de sel célèbres; dans toute cette partie de l'Afrique, on ne connaît d'autre monnaie que des paquets de sel en bâtons longs de dix pouces et ayant un pouce de diamètre.

Tous les nègres indépendants peuvent être considérés comme appartenant à la même souche : ils sont grands, bien faits; ils ont les épaules larges, le crâne épais, les hanches contractées; leur attitude est indépendante et fière; ils marchent la tête haute, et ont cet air d'audace qui sied au courage. Tous sont polygames, et tous ont un égal mépris de la vie. Leur insouciance est telle, qu'ils ne conçoivent pas qu'on puisse garder quelque chose pour le lendemain.

A son arrivée à Loanda, Douville ne trouva plus le gouverneur portugais dans les mêmes dispositions à son égard; il ne put obtenir la permission de faire un second voyage, et il fut obligé d'user de ruse pour atteindre le grand marché d'esclaves de Cassange. Il se vit forcé de prendre une route à travers les pays indépendants; enfin il arriva à Cassanci, capitale de l'État de Cassange. Cette ville compte quinze cents maisons, bâties sans aucun ordre; elle est divisée en plusieurs quartiers; le palais du jaga en occupe un tout entier. Cette ville, célèbre dans tout le Congo par son marché, l'est encore plus par son grand magicien, dont la renommée s'étend au loin; rois et peuples, chefs et sujets viennent le consulter et soumettre leurs espérances et leur avenir à ses décisions suprêmes.

A sa voix, le sang des victimes humaines ruisselle sur les autels, les guerres sont entreprises, les chefs résignent le pouvoir et font place à ceux qu'il désigne.

Douville voulait passer le fleuve Couango (qu'on croit être le même que le Zaïre ou Congo), mais le jaga (1) le lui refusa positivement. Il prit le parti de s'avancer dans l'intérieur, espérant trouver un jaga plus accommodant. Il évita le pays des Numé, peuple féroce parmi les plus féroces de l'Afrique, ne vivant que de pillage, ne se nourrissant que de chair humaine, et faisant la guerre à ses semblables, non pour les rendre esclaves, mais pour les manger.

(1) Jaga ne veut dire autre chose que chef militaire, général gouvernant un territoire. Les premiers voyageurs ont appliqué à diverses peuplades nègres la qualification commune du chef de chacune d'elles, ce qui nous a valu pendant plus de deux siècles l'épouvantable nation des Jagas, les féroces mangeurs d'hommes. Loppez, Battel, Merolla, Cavazzi, parlent de la puissante nation des Jagas répandue sur un territoire immense. Sous leur plume, l'histoire de ces hommes belliqueux est remplie d'intérêt; mais tous ces récits ne sont qu'imaginaires.

Pour avoir droit au rang suprême, il faut présenter un bonnet couvert de deux cents dents d'ennemis tués à la guerre; les récits des guides causèrent plus d'une crainte à Douville; il avait peur de ne pas sortir des mains de ce peuple, s'il tombait en son pouvoir. Aussi se hâta-t-il de parvenir dans les États de Banka, où il passa le Couango. Déjà il avait entendu parler en plusieurs lieux du lac Couffoua, qu'on lui représentait comme très-vaste; il se décida à l'explorer. Suivi d'une partie de ses gens, et accompagné de guides du pays, qui tremblaient de tous leurs membres à la pensée d'approcher d'un abime gardé par les serpents, Douville fit le tour entier de ce grand bassin, nouvelle acquisition de la géographie.

Le lac Couffoua, c'est-à-dire le lac *Mort*, ou lac des *Morts*, occupe à peu près le centre de l'Afrique méridionale; sa longueur est d'environ vingt lieues, sa plus grande largeur est de dix. Ses abords sont rudes et sauvages; la végétation diminue par degrés à mesure qu'on s'avance vers ses bords; à deux lieues de distance, toute végétation a disparu. Ce lac est une véritable mer morte, comme celle de la Palestine; avec cette différence notable, toutefois, qu'aucune rivière ne vient alimenter ses eaux; elles sont souvent couvertes d'une couche épaisse de bitume que les rayons du soleil ne peuvent percer: elles sont froides, leur saveur est désagréable; elles ne renferment dans leur sein aucun être organisé. Les flancs des montagnes dont ce lac est entouré offrent par intervalles des crevasses profondes, d'où s'exhalent des vapeurs suffocantes. Le naphte découle abondamment et continuellement d'une multitude de petites fissures, qui ne s'élèvent pas à plus de six pieds au-dessus du lac. Les parois de ces cavités sont tapissées de soufre; il s'en dégage une odeur sulfureuse, ce qui a fait probablement donner à ces montagnes l'épithète de puantes. De ce lac sortent six cours d'eau peu importants et une assez grande rivière.

Douville fit ensuite route au nord, et, après une marche de quarante lieues à travers une campagne riante, fertile et bien arrosée, il arriva dans une des capitales du puissant roi des Moluas, dans la grande ville de Tandi-à-Voua, séjour de la reine. Le roi demeure dans Yanvo, son autre capitale. Cette reine, âgée de douze ans, dont la conversation est piquante, l'esprit fin et délié, reçut Douville comme un prince souverain. Elle était assise sur un tabouret couvert d'une peau de panthère et placé sur des troncs d'arbres artistement travaillés, qui formaient estrade. Elle tenait le sceptre royal, surmonté d'une figure de hibou, probablement les armes du pays. Une ceinture de plumes du même oiseau entourait sa taille et soutenait une peau de hibou. Sa chevelure était ornée d'agates, de cornalines, de petits morceaux de cuivre; et elle s'était parée du collier de corail, des boucles d'oreilles en or et du châle, présents du voyageur; ce châle, dont elle ignorait l'usage, était jeté négligemment sur un de ses bras.

La ville de Tandi-à-Voua est assise dans une

île formée par deux branches de l'Agattu ; elle doit son aspect agréable à l'alignement de ses rues, au mélange des habitations et des grands arbres touffus, à ses nombreux ruisseaux d'eau vive qui la traversent en tous sens, et à la division régulière de ses quartiers, séparés les uns des autres par de larges avenues bien plantées. Tout y annonce l'aisance : les maisons, bâties en briques cuites au soleil, y sont plus propres et en meilleur état que celles de nos paysans; presque toutes sont entre de jolies cours et de grands jardins ombragés et bien cultivés. Le palais de la reine se fait remarquer par un genre de luxe et de construction qui décèle une civilisation sur la route du progrès; les murailles sont revêtues de mousse; les appartements, ceux de réception surtout, sont vastes, éclairés par des croisées dont les panneaux sont garnis de feuilles de mica transparent, et qui sont protégées à l'extérieur par des volets fermés toute la nuit. Cinq hommes sont tous les jours de garde au palais; Tandi peut contenir quinze mille âmes.

Yanvo, l'autre capitale, plus vaste et plus peuplée, est située presque sous l'équateur; c'est le siége principal du gouvernement; elle s'élève sur trois îles, et a sept lieues de tour. Le palais du mouata (chef ou roi) occupe une de ces îles; sept cents femmes peuplent le harem, et y sont confinées.

La Cubitabita, la plus belle promenade de la ville, a une lieue de long sur un quart de large; elle est plantée de quatre rangs de très-beaux arbres bien alignés et de bosquets touffus, qui donnent une fraîcheur délicieuse; c'est le rendez-vous de la population et le lieu choisi pour les courses et tous les exercices du corps. La ville est divisée en quinze quartiers, pour correspondre au nombre des lunes formant l'année. Douville estime la population à quarante mille âmes, y compris les esclaves.

Les Moluas sont de tous les peuples du Congo les plus industrieux; ils savent fabriquer les briques, ils bâtissent avec une certaine élégance, se servent du mica pour remplacer les vitres; ils extraient la filasse de plusieurs plantes, et en font de jolies étoffes, qu'ils préfèrent à nos toiles de coton; ils emploient le cuivre avec goût, le travaillent avec adresse et lui donnent une multitude de formes. Ils ornent de sculptures leurs tables et leurs tabourets, et apportent dans ce genre d'ouvrage une patience qui supplée au petit nombre de leurs outils. Ils font usage du tour pour tailler et percer les perles fines, dont ils ornent les bijoux des femmes; celles-ci mettent de la recherche et font preuve d'un certain goût dans leur toilette. Elles sont, comme les hommes, grandes, bien faites, et leurs manières ont de la grâce et de l'élégance; tout le peuple est d'une grande propreté, se lave la bouche avant et après le repas, et se baigne tous les jours.

Pendant son séjour, Douville visita les mines de cuivre situées à peu de distance de Yanvo; elles ont peu de profondeur, elles sont riches, et le cuivre est d'une qualité supérieure.

Le roi fit tout au monde pour retenir son hôte,

et lui proposa la seconde place de l'État. « Tu seras un dieu pour nous, lui dit-il; tout le monde t'obéira. Je n'agirai que par tes ordres; tu connais ma nièce, qui a cent quarante-deux lunes; l'arbre planté à sa naissance est le plus beau de tous; son feuillage défie les rayons du soleil, il promet à ma nièce des jours heureux; son bonheur est arrivé, les dieux le lui ont plusieurs fois annoncé; c'est toi qui feras son bonheur, elle sera ta femme. » Douville résista, comme on le pense bien, à ces offres brillantes; mais le mouata, convaincu que l'homme blanc civiliserait sa nation, et qu'avec lui il pourrait défier tous les rois voisins, résolut de le retenir par force en empoisonnant tous ses gens; onze d'entre eux succombèrent en peu d'heures. Douville comprit qu'il était perdu si les prêtres ne venaient à son secours; il leur fit de riches présents. Ces prêtres profitèrent d'un violent orage pour déclarer que le Dieu de la foudre protégeait l'étranger, et qu'il ordonnait de le dédommager de la perte de ses gens et de le laisser sortir du pays. Le mouata obéit en maudissant les prêtres, qu'il eût volontiers fait rôtir.

Douville, heureux jusqu'alors, commença à éprouver les vicissitudes de la fortune. La fièvre, dont il avait souvent triomphé, ne le quitta plus. Ses forces sont épuisées, son courage ne l'est pas. Malade, il essaie de gagner Bomba, et de poursuivre sa route à travers le continent. Inutiles efforts, la fièvre le retient à Mouené-Haï; c'est là le terme de ses progrès dans l'intérieur, à mille milles de Loanda, en ligne droite. Il se retourna alors vers l'ouest pour regagner la côte, et chemina presque toujours malade, perdant plusieurs de ses gens à chaque station, volé de ses marchandises, et pressant sa marche dans l'intérêt du résultat de son voyage. C'est sous l'influence de circonstances si défavorables à l'observation, qu'il parcourt cette longue ligne qui le sépare de son point de départ. Chez Samoiené-Haï, nous tremblons de nouveau pour ses jours; il se trouva aux prises avec le dieu du pays, qui s'apprêtait à le dévorer; c'était un grand serpent, qu'il tua fort bravement et fort malheureusement. A peine était-il mort, qu'une troupe de prêtres arriva, cherchant le dieu qui s'était échappé. Douville, qui ne se doutait de rien, raconta sa prouesse; à ce récit les prêtres hurlent de désespoir, le peuple se joint à eux, et tous demandent au roi la tête du coupable. Le roi le fit jeter dans une prison, où il resta huit jours, les pieds et les mains placés dans des sabots de bois, ne recevant qu'une faible pitance d'un nègre aveugle et sourd. Heureusement son interprète put pénétrer dans son cachot; Douville le chargea de gagner les prêtres, ce qui ne fut pas difficile; pour des présents ils auraient sacrifié tous les serpents du pays. Ils firent conduire le coupable sur un haut échafaud, et là, en présence du peuple, ils déclarèrent qu'il n'avait tué le serpent qu'à son corps défendant; qu'il était plus puissant que le dieu même, puisqu'il l'avait mis en pièces, et dirent anathème sur quiconque demanderait la mort de l'étranger, ami du Dieu de la foudre. Le roi n'était pas dans le secret de la comédie; aussi fut-il bien surpris du dénoûment.

Il semble que toutes les aventures périlleuses étaient réservées pour la fin de ce voyage; en traversant une rivière, Douville et ses gens furent attaqués par une troupe de lions et de panthères, qui dévorèrent sept hommes avant qu'on eût eu le temps de les repousser. Dans le passage des montagnes Noires, il fut sur le point d'être attaqué par une bande de voleurs; enfin il réussit à gagner Ambriz, presque seul, sans suite, dépouillé de tout et dans le plus déplorable état de santé.

En terminant l'analyse de ce voyage, nous devons faire observer qu'il a donné lieu à de violentes critiques, surtout de la part des Français. On a prouvé par des pièces authentiques, qu'à l'époque indiquée dans sa narration, Douville ne pouvait pas être au Congo, puisqu'il était en Amérique. Aujourd'hui il est à peu près démontré que Douville n'a fait que mettre en ordre des documents qu'il a eus on ne sait comment, mais qui présentent le cachet de la vérité. Son tort, et il est immense, a été de s'attribuer les honneurs des découvertes qu'il faisait connaître, et de raconter ces aventures comme lui étant personnelles.

CHAPITRE XIX

ÉTAT SOCIAL DE L'AFRIQUE.

Il y a une grande différence à établir entre les naturels de l'Afrique et les races étrangères qui, venues de l'Arabie et des autres contrées de l'Asie, ont occupé une grande partie du continent africain. Cette distinction ne repose pas seulement sur la différence des formes extérieures ou du langage, mais sur les changements introduits, comme le démontre l'histoire, dans les mœurs et la religion du peuple, et qui proviennent évidemment d'un autre continent. En effet, les irruptions des Arabes et des Sarrasins, les conquêtes des Turcs, qui se sont répandus sur presque la moitié de l'Afrique du nord, ont amené un système social différent de celui qui régissait les tribus indigènes, ainsi qu'on peut le voir en étudiant celles qui ont échappé à l'invasion étrangère.

Généralement partout, ces tribus existent dans cet état de barbarie où les hommes commencent déjà à sortir de la vie tout à fait sauvage, en apprivoisant quelques animaux et en se livrant à des travaux d'agriculture pour augmenter les produits de la terre ; certaines de ces tribus sont, il est vrai, encore nomades, mais la plupart ont des habitations fixes, et celles même qui, habitant le désert, parcourent de grandes distances afin de se procurer leur nourriture, ont dans les vallons et dans les collines des retraites qui leur servent habituellement d'abri.

L'agriculture est presque généralement nulle en Afrique, ou du moins ses procédés sont très-imparfaits ; les individus ne possèdent pas de terres en propre ; autour de chaque ville, de chaque village, il y a une étendue de terrain assez considérable qui appartient au roi ou au chef. Il en cède une partie à chacun de ceux qui veulent la cultiver, et le reste forme un pâturage commun, où tous sont libres d'envoyer paître leurs bestiaux. Là, point de ces maisons de campagne, de ces fermes qui remplissent les paysages européens ; et comment pourrait-il y en avoir dans un pays où les habitants d'un petit État sont presque continuellement en guerre avec ceux des États voisins, et où à chaque instant le territoire est ravagé par des bandes qui le traversent dans tous les sens ? Les habitants sont agglomérés dans des villes ou dans des villages qui sont entourés de fortifications pour les garantir de l'attaque de l'ennemi. L'intérieur des murailles forme un petit district où les maisons sont disséminées dans les champs cultivés ; tous les moyens pour préparer la terre, l'ensemencer et recueillir la moisson, sont d'une grande simplicité ; l'usage de la charrue ne s'étend pas au delà de la Barbarie; peut-être sous les tropiques des sillons profonds exposeraient-ils le sol à être brûlé par l'ardeur du soleil, et là, l'humidité, en rafraîchissant la terre, suffit pour faire pousser le grain. Lorsque les inondations périodiques ont cessé de couvrir le sol, et que les rivières sont rentrées dans leur lit, le laboureur remue légèrement la terre avec une houe; une personne qui le suit y dépose le grain, et les semailles sont achevées. Quand tout un village se livre à ces travaux, alors c'est une fête; tandis que les musiciens jouent leurs plus jolis airs, les laboureurs les accompagnent en chantant, de sorte qu'à une certaine distance on croirait plutôt assister à une danse qu'à des occupations agricoles.

Parmi les grains, le dhouza est le plus commun; il est cultivé sur presque toute l'étendue de l'Afrique de l'est; le millet est une culture à peu près générale; dans le Houssa, on sème aussi le riz, mais il est presque exclusivement réservé au riche; le plus haut point où l'industrie agricole se soit élevée est certainement la préparation du manioc.

Dans un pays où les hommes se contentent de peu, on conçoit que les manufactures n'ont pu acquérir une grande importance; il y a cependant dans l'Afrique centrale des fabriques de tissus de coton de bonne qualité et surtout parfaitement teint; dans le Houssa, le cuir est aussi bien travaillé que dans le Maroc, et très-probablement cette industrie est née dans le pays même. Les nattes pour s'asseoir et pour dormir sont fabriquées dans beaucoup d'endroits; les ornements d'or et d'argent sont également faits dans certains pays avec beaucoup d'habileté.

Les tribus des côtes ne connaissent pas le commerce maritime, mais celui du cabotage; elles ont des pirogues pour la pêche, et ne se hasardent pas sur ces frêles embarcations à toutes les chances de la mer. Cela vient de ce qu'il y a peu d'îles à proximité du continent. La plupart des rivières sont trop petites pour servir de moyens de communication, et le commerce se fait exclusivement par terre, à l'exception de celui qui se fait par le Niger. Les caravanes, les kalifas, les coffles sont les liens qui unissent entre elles les différentes parties du continent. Les marchands indigènes ne se servent pas de chameaux, qui ont été introduits par les Arabes dans les déserts du nord, où le sol est parfaitement approprié à la nature de ces animaux; l'absence totale de routes, les forêts presque impénétrables qui se rencontrent partout, interdisent l'usage des chariots; aussi toutes les espèces de moyens de transport sont inconnues dans l'Afrique centrale. On se sert, pour transporter les fardeaux, d'ânes, et plus généralement d'esclaves qui portent les objets sur leur tête.

Le sel est la branche la plus importante du commerce des indigènes; toutes les contrées au sud du grand désert le recherchent avec avidité; on le tire de l'Océan et de quelques lacs situés dans le Tibbou. Des bords de la mer viennent les cauris, seules monnaies de l'intérieur, et les noix de gevra, cet objet de luxe et de friandise si recherché par tous les Africains. Enfin, les marchands transportent toutes les marchandises d'Europe, et en retour rapportent de l'or, de l'ivoire et surtout des esclaves ; nous avons parlé du commerce de la gomme et de celui de l'huile de palmier, qui ne se fait que dans certaines localités.

Le système monétaire de l'Afrique est aussi imparfait que possible ; on a vu que les coquilles de cauris sont les seules monnaies de l'intérieur ; le Loggun se sert d'une vraie monnaie, qui consiste en grossiers morceaux de fer ; dans le Bornou et ailleurs, les vêtements, les nattes, les objets de première nécessité sont les bases des échanges, et donnent la mesure de la valeur.

Ce qu'on nomme les commodités de la vie sont simples et bornées : il n'existe pas dans toute l'Afrique une maison en pierres bâtie par les naturels. Les matériaux de leurs habitations sont le bois, qu'ils enduisent de terre ; ces demeures ont une forme conique, semblable à celle des ruches, et ne sont à proprement parler que de misérables abris contre la pluie. Dans la plupart, il est impossible de se tenir debout ; il est vrai que ces peuples sont constamment assis ou couchés. Devant la porte de chaque cabane est une cour ombragée par un arbre : c'est là que se tiennent toutes les réunions, que se font tous les travaux, que se passent tous les jeux. Dans chaque village se trouve une place publique appelée la cour *du Palaver;* au milieu est un arbre ou un poteau : elle sert de réunion aux habitants pour discuter sur leurs affaires. Quand un étranger demande le passage, on tient ce que les voyageurs nomment un *palaver;* on délibère sur le tribut qu'il doit payer, ou si on lui refusera le passage du territoire. Cette expression se retrouve presque à chaque page dans les relations, et chaque fois que nous avons parlé des difficultés survenues entre les chefs et les voyageurs, nous aurions dû dire *on tint un palaver;* c'est à dessein que nous avons rarement employé cette expression, elle serait revenue trop souvent.

Les maisons et les cours des riches sont entourées d'une haie servant de défense. Le palais des rois consiste en une réunion de cabanes séparées par de petites places, et formant comme un village entouré d'une haute muraille. Clapperton nous a appris que le palais du sultan de Bornou, le plus puissant des princes africains, doit être littéralement appelé un hangar; ces édifices, surtout dans les grandes villes, sont ornés de sculptures ou de peintures.

Les meubles sont très-rares; à l'exception du trône des rois, sur lequel ils ne montent que dans les occasions solennelles, il n'existe pas un siége; le peuple est assis par terre, formant le cercle; le chef repose sur une peau de lion ou de léopard. Pour tables, ils n'ont que quelques planches grossières, et ne possèdent ni couteaux, ni cuillers, ni fourchettes; les doigts remplissent toutes ces fonctions, et pour que chacun puisse attaquer les morceaux, on divise ceux qui sont trop gros au moyen d'un poignard.

Quoique la nourriture varie, elle est presque

exclusivement végétale; la viande de mouton et de chameau est le partage des riches. La boisson ordinaire est l'eau; les pays où les palmiers croissent font un fréquent usage de vin de palmier, et cette liqueur enivre souvent. Ceux des naturels qui ont des communications fréquentes avec les Européens demandent toujours de l'eau-de-vie, pour laquelle ils sont passionnés, autant que les sauvages de l'Amérique.

Sous le rapport des connaissances intellectuelles, les naturels sont au plus bas degré de l'échelle humaine. Nulle part que chez les Touariks, on ne trouve de traces de lettres; nous avons dit quelles étaient, au sujet de ces caractères inconnus, les conjectures des savants. Il n'y a pas même de système hiéroglyphique; on ne communique de nation à nation que verbalement; c'est par la parole que se transmettent les traditions d'âge en âge. Il suffit d'avoir lu le tableau d'une peuplade sauvage pour connaître l'état où sont les pays qui n'ont eu aucune communication avec les peuples civilisés. Dans toutes les parties du monde, les *sauvages* sont les mêmes, qu'ils soient blancs, rouges, cuivrés ou noirs.

Mais il ne faut pas croire que l'influence du climat plonge les Africains dans une complète apathie. Nous avons cité plus d'une preuve de leur courage dans les dangers, de leur ardeur belliqueuse dans la guerre. Les *palavers* leur fournissent de fréquentes occasions de montrer leur éloquence naturelle, et leurs discours sont remarquables par le bon sens et la finesse. La passion de la poésie est presque universelle; aussitôt que le soleil disparait de l'horizon, les chants retentissent dans toute l'Afrique. Par les chansons le voyageur charme l'ennui de sa route dans le désert; les chants animent leurs récits, inspirent leurs danses; les malades mêmes expriment leurs plaintes dans une suite de cadences. Leurs poésies ne sont ni étudiées ni régulières, elles sont comme un écho des sensations qu'ils éprouvent. Les souverains sont entourés de chanteurs des deux sexes qui les célèbrent dans leurs chants, comme le faisaient les anciens bardes, avec lesquels ils ont plus d'un point de ressemblance. On a peu d'échantillons de ces poésies; cependant, en considérant qu'elles sont presque toujours le fruit de l'inspiration, on regrette que les voyageurs n'en aient pas recueilli davantage. Les touchantes et naïves lamentations des femmes qui entouraient Park, et que nous avons citées, sont une preuve de leur talent en ce genre. D'ailleurs les chants transmis des pères aux enfants sont évidemment tout ce que les nations possèdent sur leur histoire. Dans le Soulimana, le major Laing a pu, au moyen des chants qu'il a recueillis, reconstruire les annales de ce petit État pendant près d'un siècle. Lorsque les différentes langues des tribus primitives seront mieux connues, les voyageurs auront plus d'occasions de réunir les documents, et peut-être y trouvera-t-on des notions précieuses pour l'histoire. Il y peut-être quelque part, sinon un Homère noir, du moins un Ossian ignoré (1).

(1) En supposant que les poésies d'Ossian n'aient pas été fabriquées

Les hommes ont tous un sentiment instinctif qui les porte à conclure que leur existence et celle de toute la nature sont soumises au pouvoir d'un être supérieur et invisible; mais tous ceux qui ne sont pas éclairés par les bienfaits de la religion chrétienne, donnent à cet être des formes qui varient suivant les caprices de leur imagination. Il faut que l'objet auquel ils s'adressent soit visible à leurs yeux; les nègres ne connaissent que les *charmes:* ils leur accordent un pouvoir surnaturel, capable de les préserver de toute espèce de dangers. Il est à remarquer que, semblables à tous les peuples sauvages, ils sont uniquement disposés à conjurer le démon du mal, au lieu de demander à un Dieu bon son efficace et toute-puissante protection. Dans tous les pays maures le *fétichisme* domine; et dans les lieux où l'on travaille l'or et l'argent, ces métaux servent à faire des fétiches qu'on suspend dans les maisons, afin d'en garantir les habitants. La plus horrible coutume religieuse de ces peuples est celle qui les porte à arroser de sang humain la tombe de leurs chefs. Nous ne répéterons pas ce qui a été déjà dit sur ces sacrifices, ainsi que sur les autres superstitions.

Les mœurs sociales de la Nigritie sont empreintes

---

dans le dernier siècle, fabrication aujourd'hui authentiquement prouvée; les recueils de chants des anciens Scandinaves, conservés en Islande, et qui, grâce à M. Marmier, commencent à être connus, nous donnent une idée de ce que peuvent être les chants des nègres; ce qu'on ne peut qu'imaginer, ce sont les formes nouvelles que doivent revêtir les pensées, formes nécessairement empruntées à une nature et à un climat différents.

de barbarie et de férocité. La simplicité primitive n'existe plus, et n'a pas fait place à la civilisation. La guerre est la passion dominante de ces peuples; le vol est organisé sur une grande échelle; les chefs entreprennent souvent des expéditions dans le seul but de piller un village ou de faire la chasse aux hommes; car, si l'esclavage est un des résultats de l'état sauvage, l'infâme traite donne à l'Afrique un caractère particulier. C'est au moyen des esclaves que les nègres paient les objets européens, et les dangers qu'ils courent pour se procurer des prisonniers leur causent des émotions plus puissantes que le plaisir de la chasse ou les simles travaux de l'agriculture. Mais les cris de la religion et de l'humanité ont été enfin entendus; espérons que bientôt ce hideux trafic n'existera plus que dans l'histoire; nous ne souillerons pas notre plume en retraçant le récit des atrocités commises tant par les nègres que par les négriers, et encore devons-nous faire observer que ces derniers l'emportent de beaucoup en cruauté et en barbarie.

Les nègres, malgré leurs mœurs féroces, ont quelques excellentes qualités : ils sont affectueux, ils respectent les liens de la parenté. La tendresse maternelle est surtout développée à un haut degré, et si quelques voyageurs ont été pillés, d'autres ont reçu la plus généreuse hospitalité. Quand les nègres ne sont pas excités par les passions, ils sont simples, doux et plus humains que les Maures; ces derniers sont implacables dans leur haine contre les Européens, et les maltraitent toutes les fois que l'occasion s'en présente.

Le gouvernement des États africains n'est pas le même partout. Une foule de petits pays sont constitués en république; mais les grands royaumes sont sous le joug du despotisme le plus absolu. Ces nations sont les plus nombreuses, les plus puissantes; les arts utiles à la vie y ont acquis un degré de développement inconnu des premiers, et, si l'on en excepte les sacrifices humains, les mœurs des grands États sont plus régulières que celles des habitants des pays libres, qui sont paresseux, turbulents, querelleurs et licencieux. Le despotisme n'empêche pas une certaine familiarité de régner entre le chef et son peuple : les présents qu'on fait au premier flattent la vanité des seconds. Le roi prend part aux divertissements de ses sujets, joue avec eux : malgré son grand âge, le roi de Boussa dansa devant Lander, aux acclamations de joie des habitants réunis autour de lui.

Les races qui se sont établies en Afrique, soit par les migrations, soit par les conquêtes, ont occupé de préférence les belles régions des bords de la Méditerranée; les irruptions des Arabes ont complétement changé le caractère des peuples du pays. Le peu qui reste encore des tribus primitives errent dans les montagnes ou dans l'immensité du désert, comme les Berbers, les Tibbous et les Touariks. La vie sociale des autres peuplades offre le caractère d'ennuyeuse monotonie, conséquence des habitudes musulmanes. Les villes ont partout le même aspect : de hautes murailles de terre, sans aucune ouverture, bordent des rues étroites et désertes; de tristes solennités, l'absence totale de la gaieté et de toutes les réunions sociales, même de famille, et par-dessus tout l'entière claustration des femmes, étonnent et affligent les voyageurs.

Les deux races distinctes, la native et l'étrangère, les païens et les musulmans, sont mélangées dans l'Afrique centrale et sur les bords du Niger, que le major Rennel regarde comme la barrière séparant les Maures des nègres. Ce sont les Maures qui ont introduit les faibles notions qu'ont ces peuples sur les lettres et l'écriture, et ce qui chez d'autres nations serait le commencement de la civilisation, est, au contraire, un aliment nouveau pour l'ignorance et la superstition. Cet art n'est pas apprécié comme étant capable d'augmenter les connaissances de l'esprit humain, mais seulement comme une branche de la magie : avec l'écriture on fabrique des charmes ou des fétiches souvent payés par les naturels à un très-haut prix. Un petit nombre de cheiks et de docteurs peuvent lire le Koran; la multitude, pour apprendre le contenu de ce livre, ce qui est formellement ordonné par la loi musulmane, se sert de planchettes sur lesquelles les prêtres écrivent avec une substance noire, qu'ils enlèvent ensuite avec de l'eau.

Le mahométisme n'a rendu qu'un seul service à l'Afrique, qui a été d'abolir les sacrifices humains; sous tous les autres rapports, l'introduction de cette croyance étrangère, et surtout de ceux qui la prêchaient les armes à la main, n'a fait qu'augmenter tous les maux qui pesaient déjà sur ce continent.

La colonisation européenne a fait peu de progrès en Afrique. Quelques points du littoral sont seuls occupés, et ce ne sont que des comptoirs de commerce. Une seule véritable colonie existe, c'est au cap de Bonne-Espérance. L'histoire de la fondation et du développement de cet établissement ne rentre pas dans notre plan; nous ne pouvons cependant résister au désir de dire quelques mots sur cette importante colonie.

La découverte du cap de Bonne-Espérance appartient au portugais Barthélemy Diaz, qui, en 1486, franchit ce cap au fort d'une tempête, et ne le reconnut qu'en revenant sur ses pas; il le nomma cap des Tempêtes; mais le roi Jean, que cette découverte remplit de joie et d'espoir, lui donna le nom qu'il a conservé. Les Portugais, craignant la lutte avec les indigènes, s'établirent d'abord sur la petite île aux Pingouins, qui se trouve en face du Cap. Les sauvages qui occupaient cette pointe méridionale de l'Afrique repoussèrent longtemps tout contact avec les Européens; en 1509, le vice-roi des Indes, François d'Almeyda, qui avait pris terre au Cap, fut tué avec soixante-quinze de ses compagnons. Cependant, vers la fin du xvie siècle, les vaisseaux hollandais et anglais qui se rendaient aux Indes s'arrêtèrent souvent sur cette île, et parvinrent à y établir quelques relations amicales avec les naturels.

Ce fut en 1652 que le chirurgien hollandais Van-Riebeck vint, avec l'appui de son gouvernement, construire sur cette terre sauvage un fort qui fut l'origine de la ville actuelle. Il recruta d'abord sa colonie parmi les mauvais sujets exilés de la Hollande, les soldats qui avaient obtenu leur congé, ou les matelots qui, ayant gagné quelque chose à Batavia, avaient pu se dégager du service. Peu à peu l'établissement, qui d'abord s'était resserré autour du fort, s'accrut et s'augmenta des contrées les plus voisines, que l'on défricha et d'où l'on chassa les bêtes féroces qui les habitaient.

Lors de la révocation de l'édit de Nantes, un grand nombre de Français allèrent s'établir au Cap; ils peuplèrent même un petit canton nommé le Coin-Français, que leurs descendants habitent encore. Ils n'ont conservé que leurs noms défigurés; notre langue y est presque oubliée, et leurs usages sont ceux des Hollandais.

La colonie reçut ensuite de nouveaux développements et s'accrut rapidement. Au milieu des bouleversements causés en Europe par les guerres que la révolution française avait soulevées, l'Angleterre se saisit, en 1796, de cette colonie, à laquelle son heureuse position donnait chaque jour une nouvelle importance. Le traité d'Amiens la fit restituer à la Hollande; mais, à la faveur de nouvelles guerres, les Anglais s'approprièrent de nouveau, en 1806, cette position, qu'ils regrettaient vivement; les traités de 1814 confirmèrent cette usurpation.

La prospérité de la colonie n'a fait que croître sous ses nouveaux maîtres; le nombre de ses districts s'est augmenté, son territoire a aujourd'hui quarante lieues carrées environ; sa population est évaluée à 130,000 âmes, dont 66,000 blancs, 34,000 esclaves et 30,000 indigènes.

La ville du Cap est située au pied des montagnes de la Table et du Lion, au fond de la baie de la Table, sur l'Atlantique, et à une petite distance de la baie False, sur l'Océan austral. Malgré cette position avantageuse, on peut dire que le Cap n'a pas de véritable port, parce que ces deux baies sont exposées au vent, et offrent toutes deux un mouillage peu sûr; néanmoins cette ville est toujours un des points les plus importants du globe sous le rapport militaire et commercial, car le Cap est la plus forte place de l'Afrique et la relâche ordinaire des vaisseaux qui vont en Asie ou qui en reviennent. Toutes les rues de la ville sont coupées à angle droit, les maisons bâties en pierres ou en briques, et presque toutes ont le toit en terrasse. Les édifices les plus remarquables sont l'église principale, le palais du gouverneur, les casernes et les magasins.

Toute cette région est élevée et montagneuse, s'abaissant vers la mer par étages successifs formés par les plateaux qui couronnent les montagnes et qui leur ont fait donner le nom de Terrasses. La température est en général fort douce, puisque le thermomètre de Réaumur ne s'élève presque jamais au-dessus de 30 degrés; mais les vents produisent des effets désagréables. La saison que l'on nomme été dure de septembre jusqu'à la fin de mars. Le vent souffle du sud-est et souvent avec une extrême violence. Rien ne peut garantir des sables qu'il entraine; ils pénètrent dans les appartements les plus clos, dans les malles les mieux fermées. Lorsque ces vents doivent se faire sentir, la montagne de la Table se couvre d'un nuage que l'on nomme son manteau; ces espèces de tempêtes durent ordinairement quatre à cinq jours de suite. De mars en septembre règne le vent de nord-ouest, qui amène en juin et juillet des pluies presque continuelles.

Les habitants originaires de toute cette contrée sont les Hottentots, qui paraissent une race distincte à la fois des nègres et des Cafres. Une couleur brune foncée ou d'un jaune brun couvre tout leur corps, mais n'atteint pas le blanc des yeux, qui reste pur; leur tête est petite; leur visage, fort large d'en haut, finit en pointe; ils ont les pommettes des joues très-proéminentes, les yeux en dedans, le nez plat, les lèvres épaisses, les dents très-blanches; ils sont bien faits et de haute taille; leurs cheveux sont frisés ou laineux; ils n'ont presque pas de barbe. Couvert d'une peau de mouton, de gazelle ou de lion, inondé de graisse mêlée d'une couleur noire ou rouge, le Hottentot sauvage errait, en chantant et en dansant, au milieu des troupeaux qui formaient toute sa richesse. Cette nation se divise en plusieurs tribus, mais le voisinage des habitations européennes a bien modifié leurs anciennes habitudes; les sauvages ont disparu devant la civilisation; la domination étrangère leur a été mortelle, ou ils ont fui devant l'invasion des blancs. On ne trouve plus que de faibles restes des tribus nombreuses qui possédaient le pays à l'époque des premières reconnaissances.

Au delà des frontières de la colonie, de vastes contrées mal connues sont occupées, au nord et au nord-ouest, par les Hottentots, qui sont restés indépendants, à l'est et au nord-est, par les Cafres, race de nègres distincte et spéciale, qui occupent dans l'Afrique orientale une des régions les moins explorées du globe.

Plus près des lieux que nous avons explorés dans ce volume se trouve la colonie française du Sénégal. Les établissements de ce pays se divisent en deux arrondissements : celui de Saint-Louis, qui comprend l'île de Saint-Louis et celles de Babagué, de Safal et de Ghimbar, formées par le Sénégal ; les divers établissements sur ce fleuve tels que Kamon, Makana ou Saint-Charles, Bakel, Dagana et Faf ; les escales ou lieux de marchés le long du Sénégal où se traite la gomme, telles que l'escale du Coq, près de Podor, l'escale des Darmankours au-dessous de Saint-Louis, et celle du Trarzas au-dessus de Dagana ; enfin la partie de la côte qui s'étend depuis le cap Blanc jusqu'à la baie d'Iof. L'arrondissement de Gorée comprend, avec l'île de Gorée, toute la côte depuis la baie d'Iof jusqu'à la Gambie, et notamment le comptoir d'Albréda. Nous devons faire observer que le territoire le long de la côte depuis le cap Blanc jusqu'à la Gambie n'est pas une possession de fait, mais seulement de nom, puisqu'il appartient à des peuples entièrement indépendants. Une grande partie de l'arrondissement de Saint-Louis appartenait au royaume de Oualo ou Hoval, ruiné et presque entièrement dépeuplé par la guerre civile et par les Maures, ses voisins; il reconnaît depuis quelque temps la suzeraineté de la France.

Les lieux les plus remarquables de cette partie de l'Afrique française sont : Saint-Louis, dans l'île de ce nom, petite ville assez bien bâtie et qui s'est considérablement augmentée depuis quelques années; c'est la résidence du gouverneur général de tous ces établissements, et l'entrepôt du commerce qu'on fait sur le Sénégal, et surtout de celui de la gomme. Elle compte près de six mille habitants. Gorée, sur l'îlot de ce nom, a un port et deux forts; sa population s'élève à environ trois mille âmes; c'est un lieu de relâche très-important pour les vaisseaux français qui vont dans l'Inde. Bakel, sur le Sénégal, n'a que quelques centaines d'habitants, mais on y entretient une garnison. Le village de Makana s'élève sur l'ancien emplacement du fort Saint-Joseph; c'est un établissement assez important. Portendick, dans le pays des Maures Anlad-Ahmed-Dahman, n'a d'habitants qu'au moment de la vente de la gomme aux bâtiments européens.

Le seul objet d'échange avec les riverains du Sénégal est aujourd'hui la gomme. Autrefois ils nous fournissaient beaucoup d'esclaves, mais, grâce à Dieu, ce trafic n'existe plus. Il faut espérer que de prochains progrès dans l'agriculture donneront d'autres ressources commerciales à ce bassin si important, si fertile, si voisin de l'Europe, si riche en population, et qui est resté improductif jusqu'ici.

Mais il est temps de terminer cette digression et de revenir aux lieux qui appartiennent plus directement à l'Afrique centrale, qui fait l'objet principal de ce livre. Il nous reste à raconter les essais tentés par l'Angleterre et les États-Unis à Sierra-Leone et à Liberia, essais qui ont eu pour but l'abolition de la traite et l'introduction de la civilisation.

En 1772, une décision à jamais célèbre de lord Mansfield établit ce principe, qu'un esclave devient libre aussitôt qu'il met le pied sur le sol de la Grande-Bretagne. Un grand nombre de nègres, profitant de cette nouvelle législation, abandonnèrent leurs maîtres. Privés de ressources et de travail, ils erraient dans les rues de Londres, vivant uniquement des dons de la charité publique. Cet état de misère frappa les yeux de plusieurs philanthropes éclairés : ils s'associèrent pour transporter ces malheureux dans leur pays natal et y fonder une colonie. Le gouvernement concourut à ce projet, il fournit les moyens de transport, et une étendue de terrain de trente milles carrés fut achetée du chef de Sierra-Leone. Le premier essai eut lieu en 1787; mais les nègres qui, depuis longtemps, avaient perdu l'habitude de vivre sous le soleil ardent de leur patrie, dépourvus de toute espèce d'industrie et n'ayant plus l'énergie nécessaire pour repousser les agressions de leurs voisins, succombèrent presque tous. En 1791, il n'en restait que soixante-quatre. Leur nombre s'accrut bientôt par une circonstance particulière. Pendant la guerre de l'indépendance, le gouvernement anglais avait engagé les nègres esclaves des Américains à abandonner leurs maîtres et à se réunir aux troupes anglaises. A la paix, devenant inutiles, ils étaient d'autant plus onéreux qu'on ne savait où les employer. Une société philanthropique, qui voulait relever la colonie de Sierra-Leone, offrit à ces nègres de les conduire en Afrique; ils acceptèrent avec joie; mille cent trente-un colons furent envoyés joindre leurs frères; les maladies en firent périr un grand nombre, et, pour surcroît de malheur, l'établissement naissant fut détruit par les Français dans la guerre de 1794. Cependant la colonie continua d'exister; en 1810, elle se renforça d'environ cinq cents noirs marrons de la Jamaïque; mais ils n'avaient pour subsister que les dons de la Compagnie, car ils ne pouvaient cultiver la terre, étant constamment attaqués par les peuplades voisines. Cet état de choses dura jusqu'en 1817; la Compagnie, ne pouvant plus faire face aux dépenses, céda ses droits au gouvernement, et Sierra-Leone fut placée au nombre des colonies anglaises. Les circonstances devinrent plus favorables; la traite ayant été abolie, on décida que tous les nègres capturés seraient conduits à Sierra-Leone, qui se peupla successivement jusqu'à compter près de vingt-deux mille noirs; mais l'insalubrité du climat est telle, que tous les soldats européens qui gardaient et protégeaient les colons succombèrent; l'Angleterre fut obligée de retirer tous ses employés en 1829. L'illustre voyageur Denham, nommé gouverneur en 1825, ne put y demeurer que quelques mois; il revint malade en Europe ; dans la même année, trois autres gouverneurs eurent le même sort.

L'Angleterre ne conserve Sierra-Leone que comme une sorte d'expérience, pour savoir si les nègres livrés à eux-mêmes sont capables d'administrer leurs propres affaires, et dans l'espoir que les peuplades voisines, voyant leur prospérité, imiteront leur conduite.

Immédiatement après cet abandon, le principal établissement anglais fut transporté à l'île Fernando-Po, dans le golfe de Benin, poste admirablement choisi pour surveiller la traite. Cette île montagneuse et fertile semblait offrir toutes chances de succès; là encore, la fièvre a décimé les Européens, et le but du gouvernement a été manqué. Le voyage de Lander contient des détails très-curieux sur cette île ; en les lisant, on est convaincu que la nécessité force seule l'Angleterre à y entretenir un établissement pour servir de point de relâche à des bâtiments de guerre.

L'Amérique du nord a été plus heureuse dans ses essais de colonisation sur la côte d'Afrique. Quelques personnes, convaincues que les nègres affranchis seraient toujours une charge pour l'Amérique, où ils sont considérés comme d'une classe inférieure, conçurent le plan de les faire sortir de cette position; une société se forma, elle mit à sa tête le président Monoroë, et en 1816 on s'occupa de fonder en Afrique un établissement pour les nègres; ses agents firent choix d'une station fertile et saine sur la rivière Mesurado, auprès du cap de ce nom. Le terrain fut acheté des naturels, et en 1822 la colonie fut définitivement organisée. Tant que les indigènes eurent à recevoir le prix de leur vente, ils reçurent très-bien les étrangers; mais quand le paiement fut complet, ils ne les virent qu'avec jalousie, et résolurent de les chasser par la force. La nouvelle ville, à peine sortie de ses fondements, fut attaquée par un millier de sauvages qui furent repoussés. Enfin, le 23 février 1823, l'État reçut le nom de Liberia, et la ville celui de Monrovia. On proclama en même temps la constitution politique d'après laquelle nul blanc ne peut être admis à la colonie, uniquement réservée aux noirs, qui se gouvernent eux-mêmes sous l'autorité de l'agent de la compagnie. Le nombre toujours croissant des émigrants les força à s'étendre sur une partie plus considérable de terrain; maintenant ils occupent cent cinquante milles de côtes, où on a fondé cinq stations principales.

La contrée n'offre point cet aspect aride et désert presque général en Afrique; à peu de distance de la côte, le terrain présente une plaine arrosée par de nombreuses rivières, abondante en bétail et propre à la culture du coton, du café et de la canne à sucre; le commerce avec les naturels est régulièrement établi; les objets de trafic sont les mêmes qu'au Benin.

Le climat est salubre; il n'y règne aucune épidémie, et les nègres qui viennent des États du nord sont seuls affectés par l'extrême chaleur, à laquelle ils s'habituent bientôt. Le caractère moral et religieux des colons est représenté comme supérieur à celui de la généralité des Américains. La société protectrice a particulièrement fixé son choix sur les émigrants qui offraient ces garanties. « La religion, dit un agent, a été le principal moyen pour fonder et consolider notre établissement; les sentiments religieux, en réglant, contenant et animant les esprits de la majorité des colons, sont la principale force de notre gouvernement civil. » Les naturels ont cessé de poursuivre les étrangers, et plusieurs même se sont réunis à eux.

En définitive, cet essai paraît devoir produire de bons résultats, soit comme germe d'une colonie prospère, soit comme centre de la civilisation, qui enfin va pénétrer dans l'Afrique. C'est à la religion chrétienne que les naturels devront cet heureux changement, comme c'est à ses divins principes qu'ils sont redevables de l'abolition de la traite.

FIN

TABLE

	Préface.	1
Chap. Iᵉʳ.	Coup d'œil général sur l'Afrique. — Histoire naturelle.	5
Chap. II.	Connaissances des anciens sur l'Afrique.	14
Chap. III.	L'Afrique centrale au moyen âge.	19
Chap. IV.	Découverte des Portugais. — Gelianez. — (1433).	29
	Lancelot (1446)	30
	Diégo Cam (1484).	32
	Rui de Sousa (1290).	34
Chap. V.	Premières découvertes des Anglais.	37
	Thompson (1618).	39
	Jobson (1620)	40
	Vermuyden (1660).	47
	Stibbs (1723)	48

Chap. VI.	Découverte des Français. — Leur établissement au Sénégal.	51
	Jannequin (1637)	52
	Brue (1697).	53
	Saugnier (1785)	60
Chap. VII.	Ledyard (1788).	62
	Lucas (1789).	63
	Houghton (1791).	64
	Watt et Winterbottom (1794) . . .	65
Chap. VIII.	Mungo-Park. — Premier voyage. — (1795-(1797).	67
Chap. IX.	Mungo-Park. — Deuxième voyage. — (1805).	87
Chap. X.	Voyages divers. — Orneman (1798). .	100
Chap. XI.	Expéditions faites par ordre du gouvernement anglais. — Tuckey (1816) .	107
	Peddie (1816)	108
	Gray (1818).	Ibid.
Chap. XII.	Mollien (1818).	111
Chap. XIII.	Denham. — Clapperton et Oudney (1821) - (1825)	119
Chap. XIV.	Clapperton. — Deuxième voyage . .	159
	Laing (1825)	180
Chap. XV.	Caillé (1825)-(1827).	181
Chap. XVI.	Richard et John Lander (1830)-(1835).	199

Chap. XVII.	Côte d'Or. — Le Dahomey. — L'Aschanti. — Le Benin. — Le Delta du Niger.	230
	Morris (1772)	231
	Bowdich (1817)	233
	Dupuis (1820)	235
	Adams	237
Chap. XVIII.	Douville.	239
Chap. XIX.	État social de l'Afrique	257

FIN DE LA TABLE.

Tours. — Impr. Mame.

DE LA JEUNESSE

Amalia Corsini.
Amélie, ou le triomphe de la piété.
Anna, ou la piété filiale.
Artisans célèbres.
Aurélie, ou le monde et la piété.
Aventures de Fernand Cortez.
Conquête de Grenade.
Ernestine, ou les charmes de la vertu.
Esquisses entomologiques, ou h. des insectes
Ferréol, ou les passions vaincues.
Gilbert, ou le poëte malheureux.
Histoire des Croisades.
Histoire de Marie Stuart.
Histoire naturelle des oiseaux.
Histoire naturelle des mammifères.
Histoire de Venise.
La salle d'asile au bord de la mer.
Le Jeune Tambour.
Les Compagnons de Christophe Colomb.
Les derniers jours de Pompei.
Les Jeunes Ouvrières.
Les Naufragés au Spitzberg.
Les Récits du Château.
Monde souterrain.
Peintres célèbres (les).
Rose et Joséphine.
Voyage en Perse.
Voyages autour du monde, 2 volumes.
Voyages et Aventures de Lapérouse.
Voyages en Nubie et en Abyssinie

TOURS
A. MAME ET C.ⁱᵉ
EDITEURS

www.ingramcontent.com/pod-product-compliance
Lightning Source LLC
Chambersburg PA
CBHW071416150426
43191CB00008B/928